DRIVE FAST
DON'T STOP

BOOK FIFTEEN
BANGKOK ♥ THAILAND

BANGKOK

BANGKOK

BANGKOK

BANGKOK

BANGKOK

BANGKOK

THAILAND

THAILAND

THAILAND

THAILAND

THAILAND

THAILAND

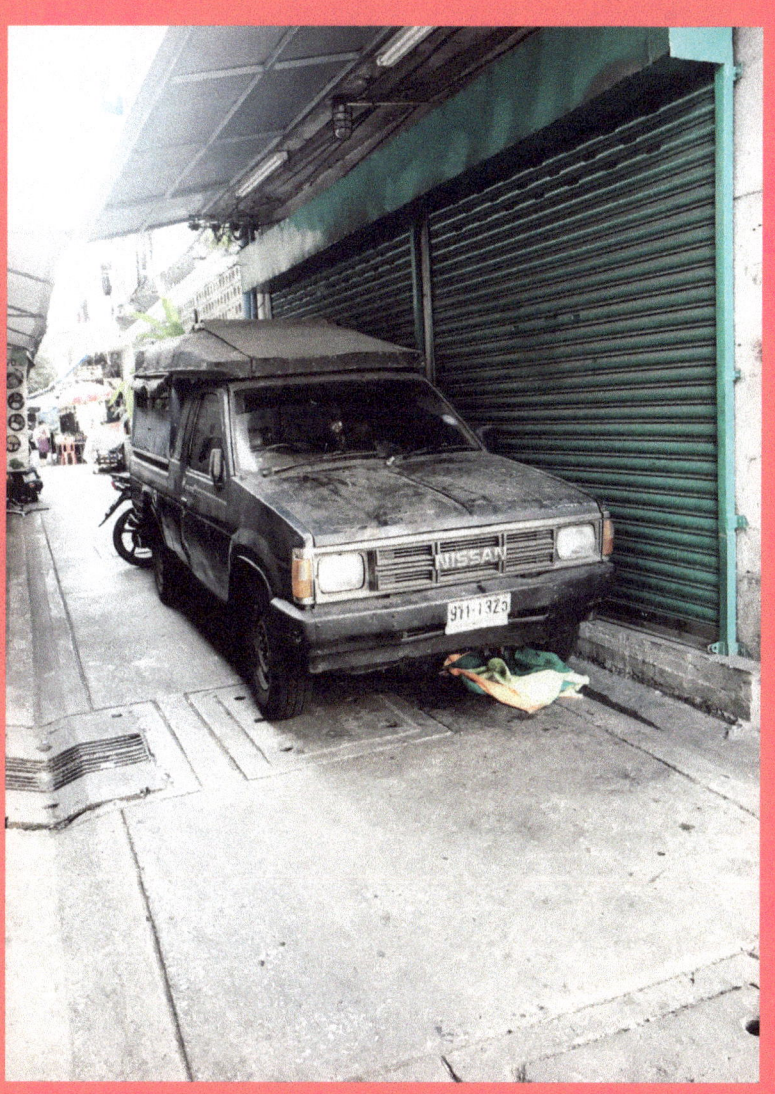

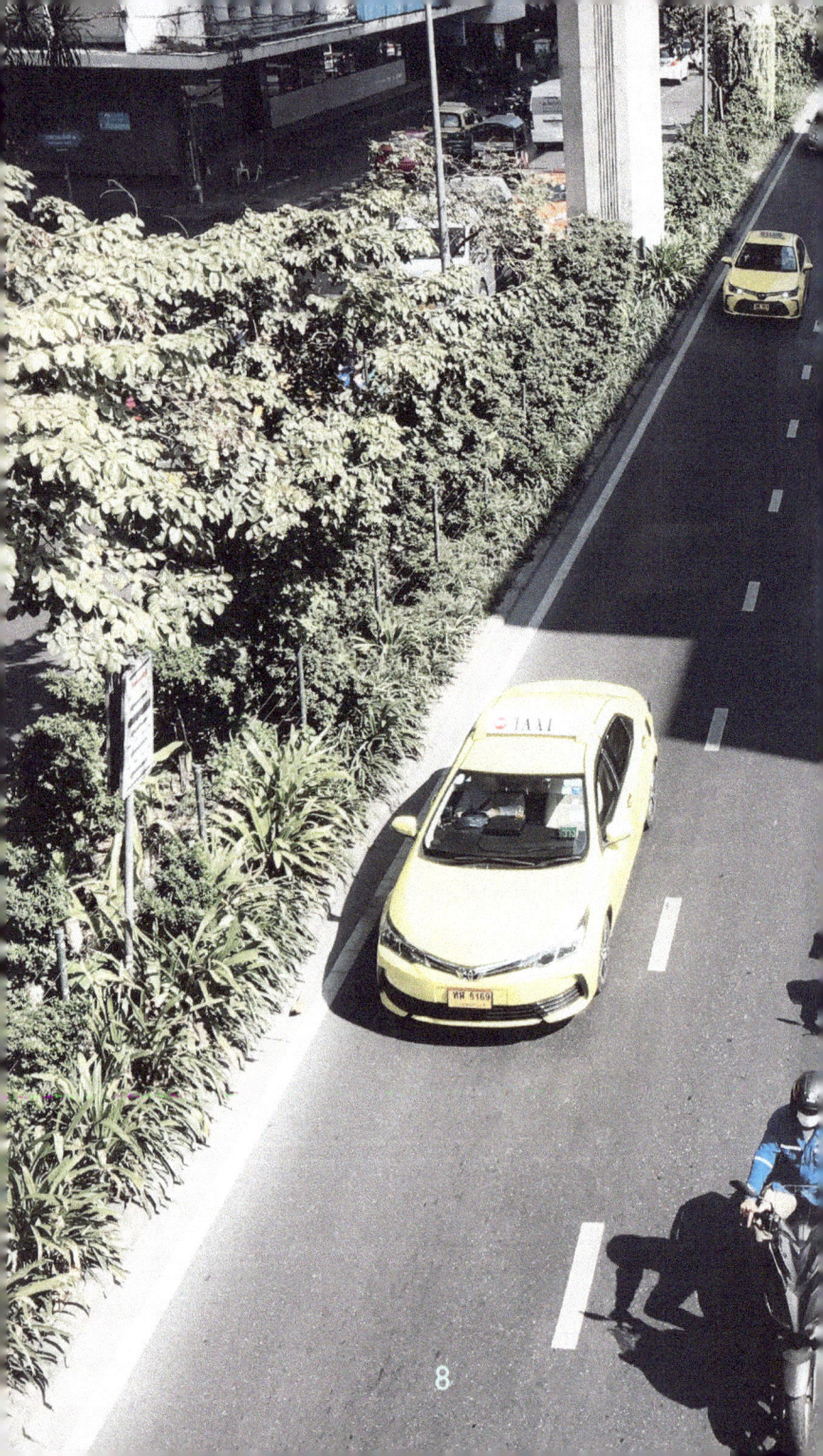

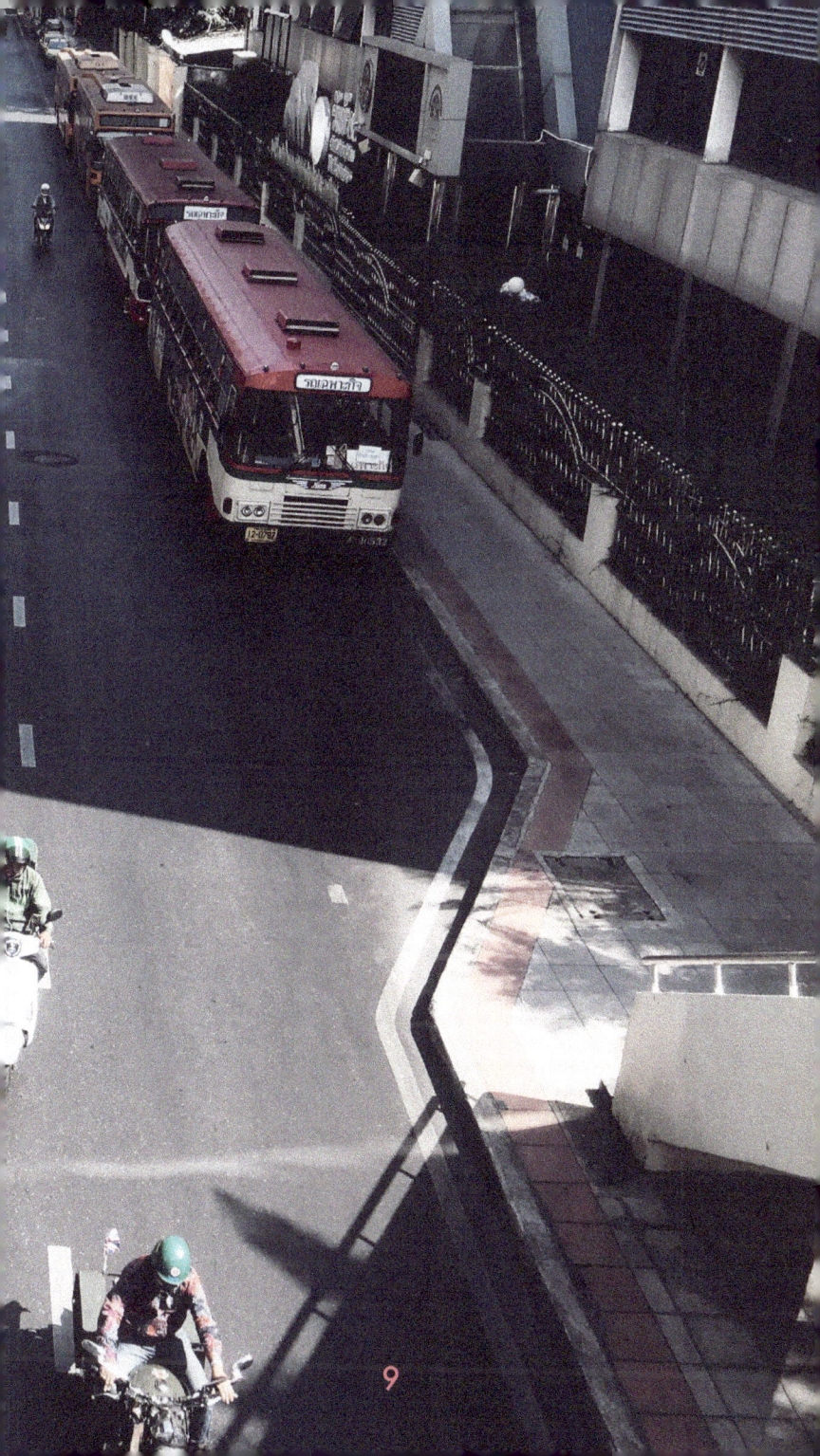

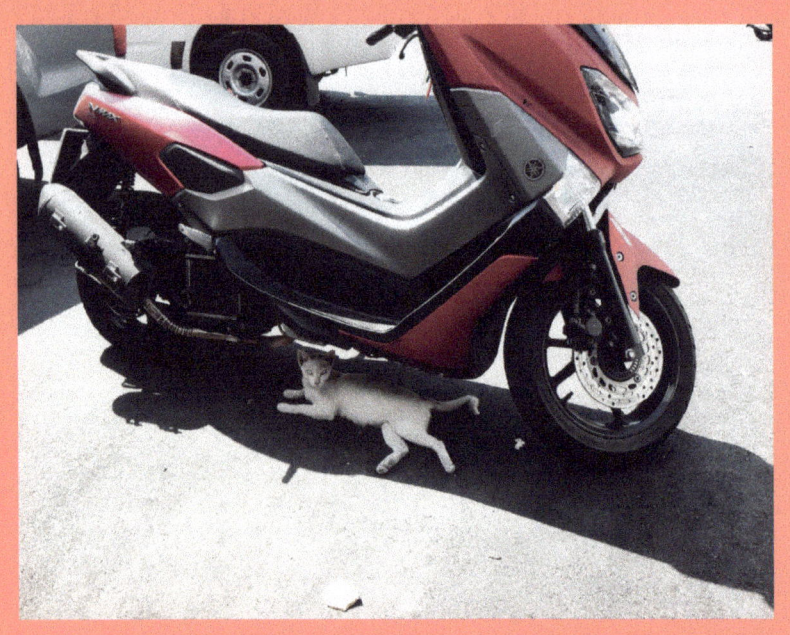

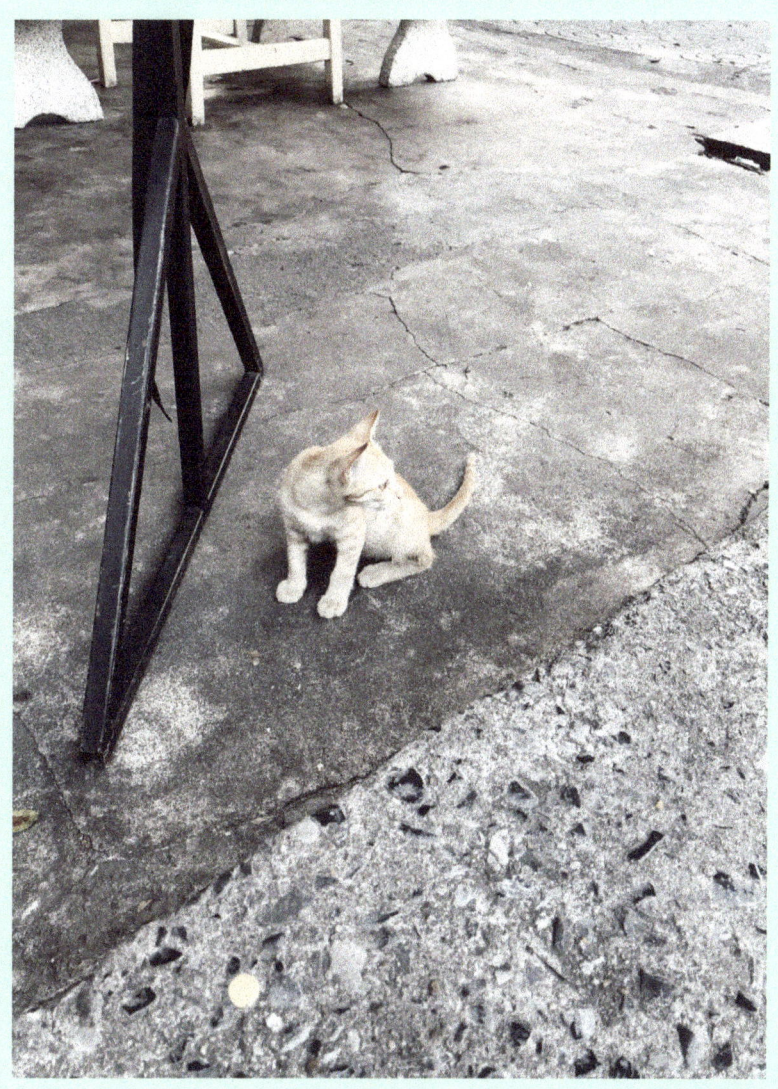

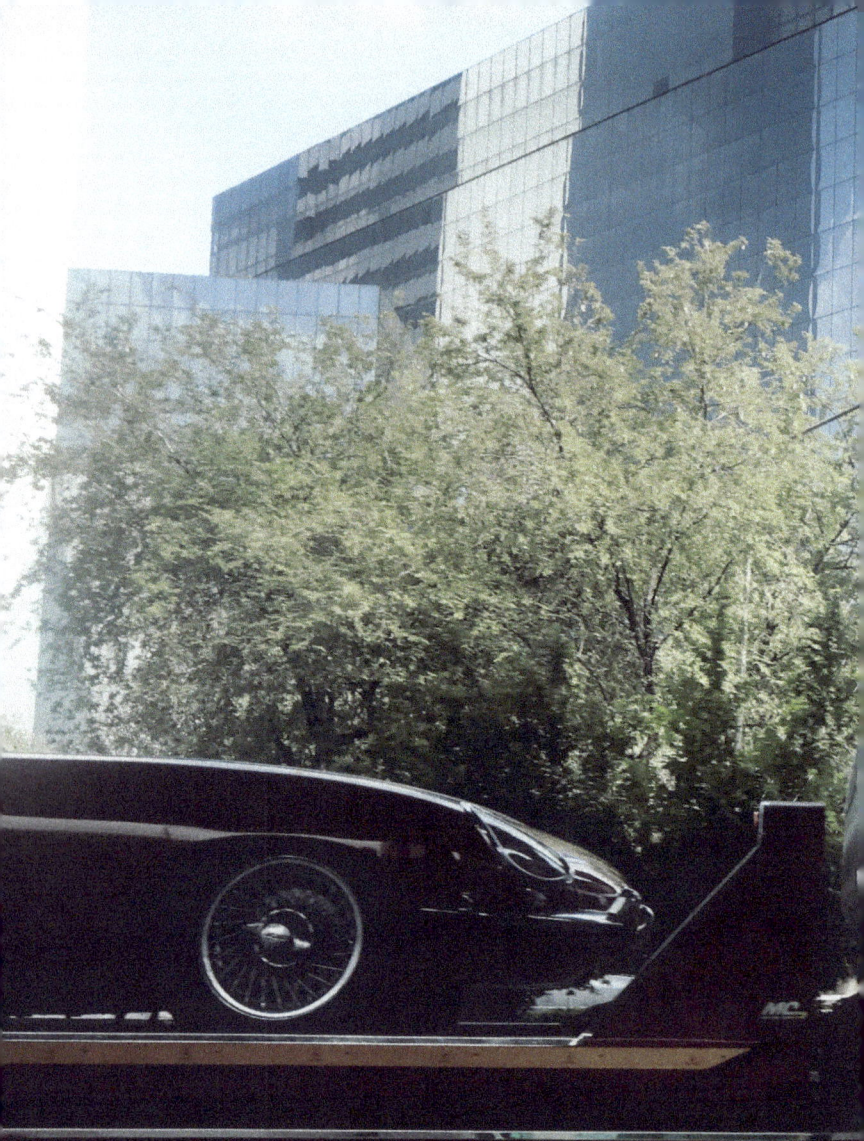

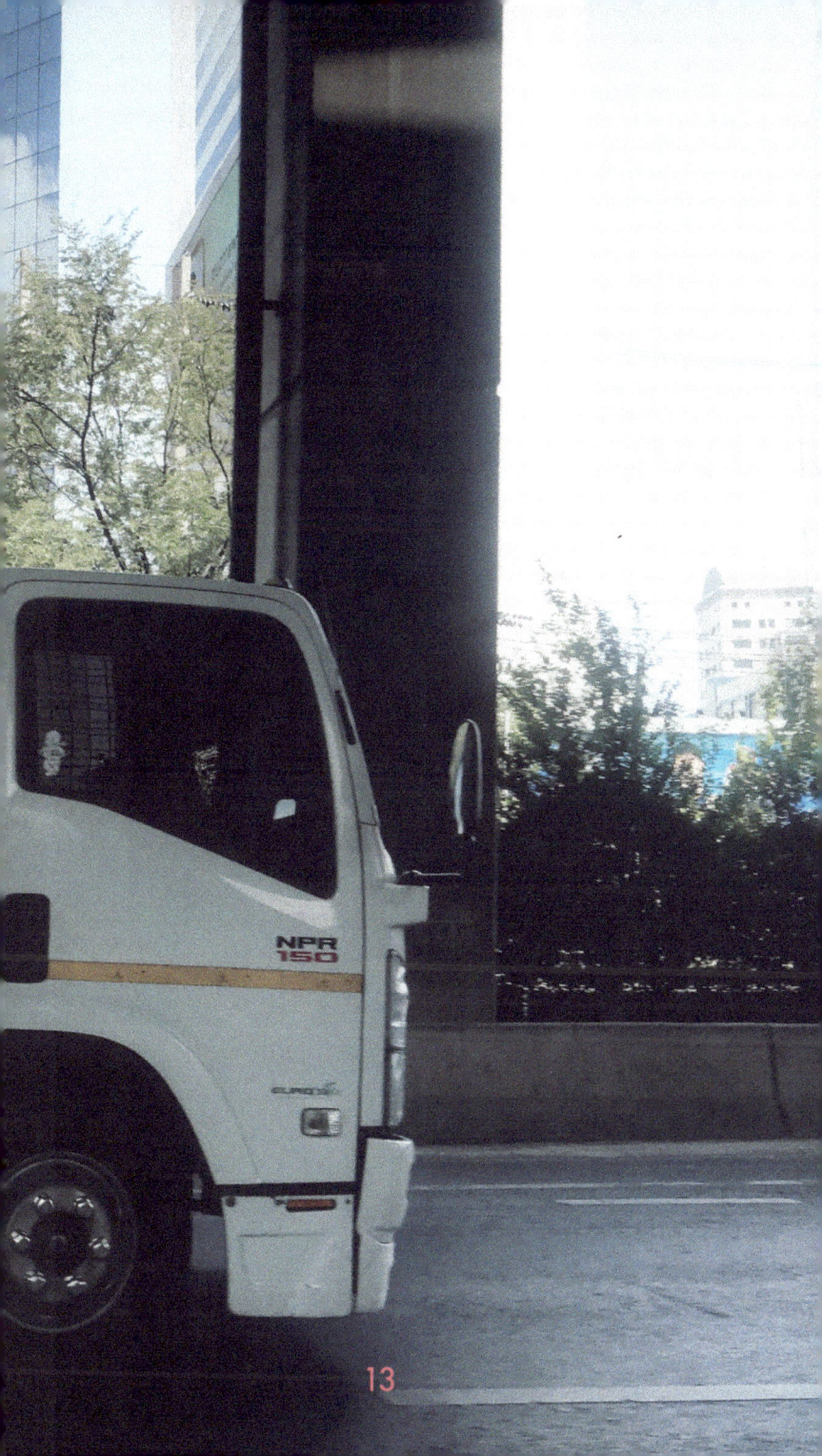

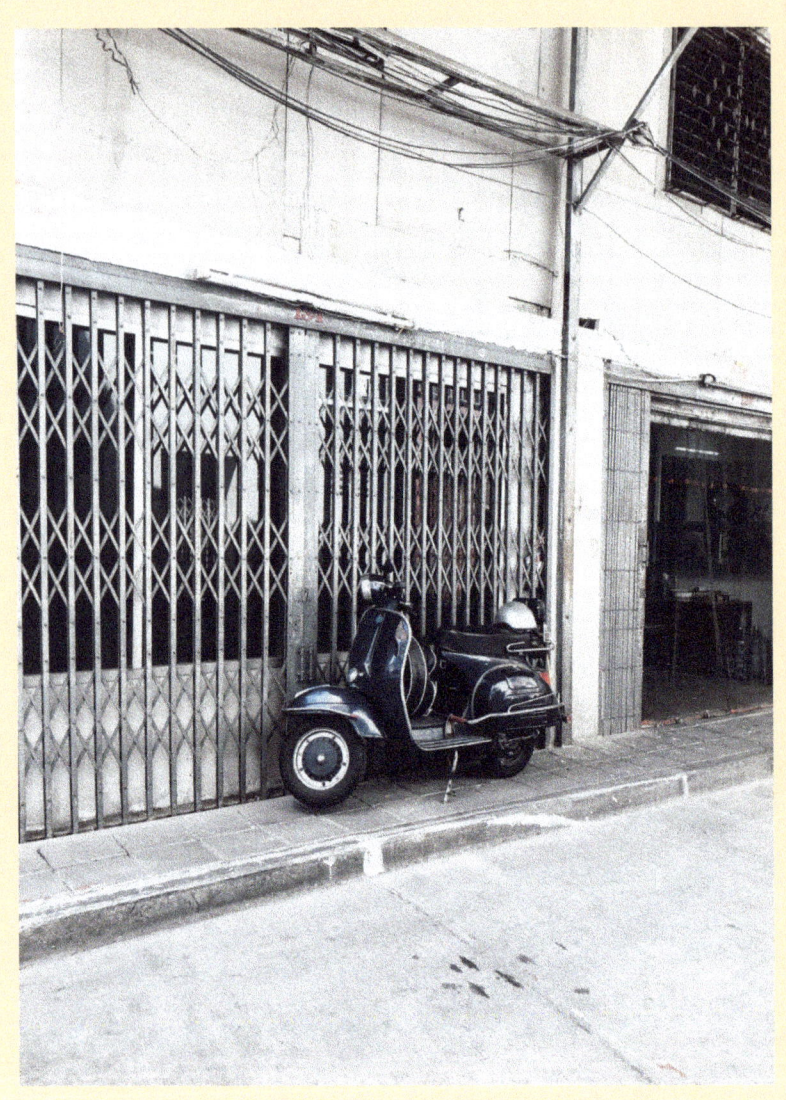

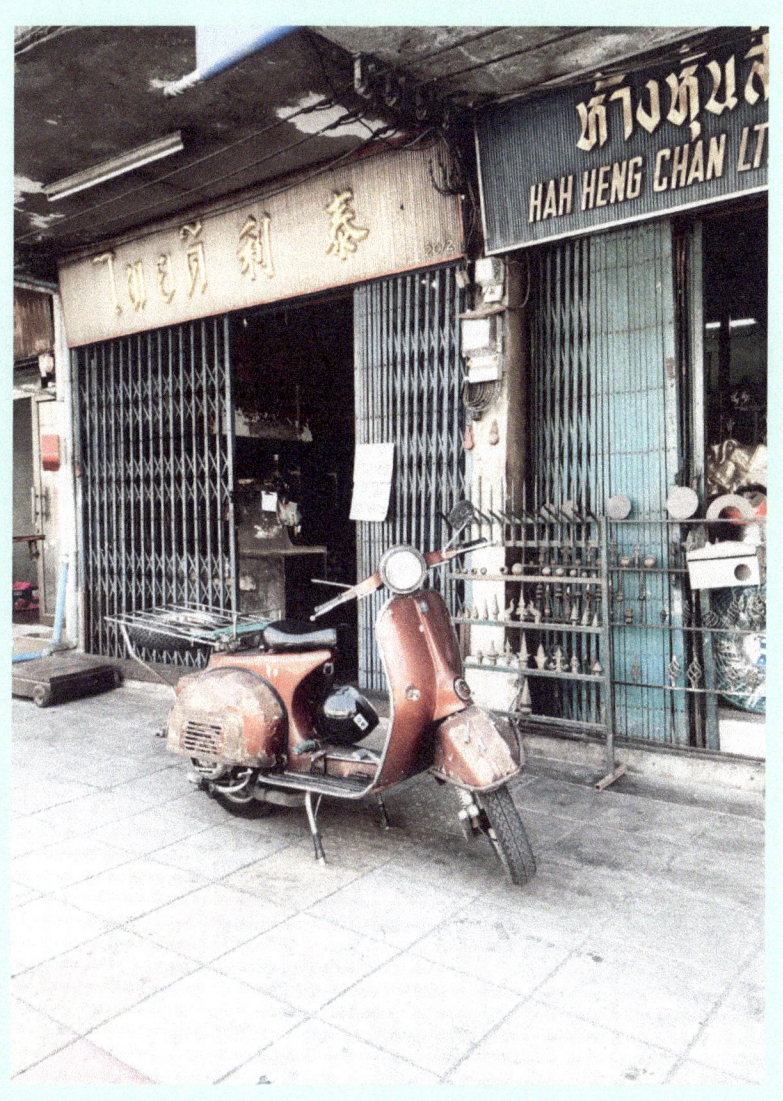

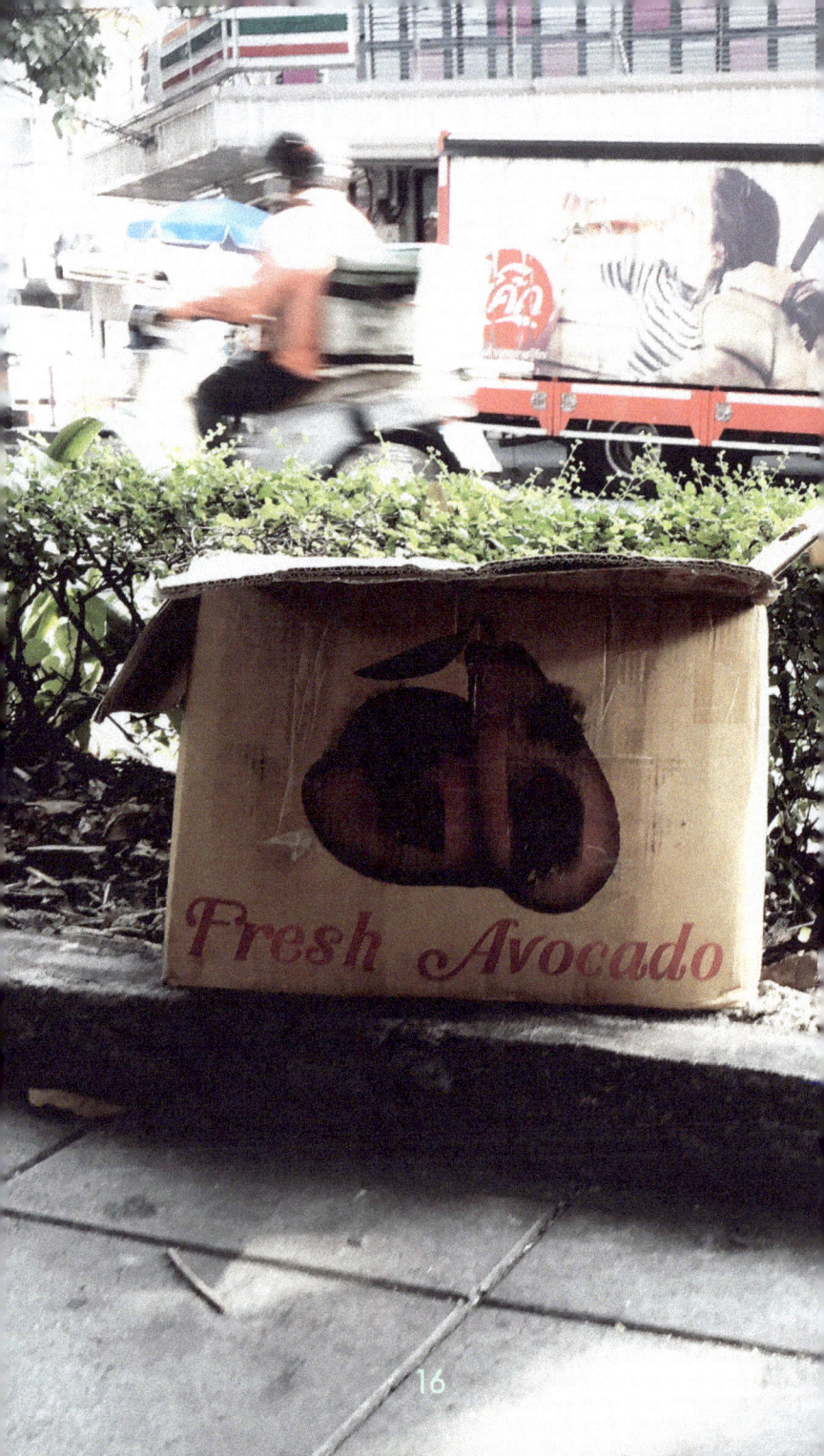

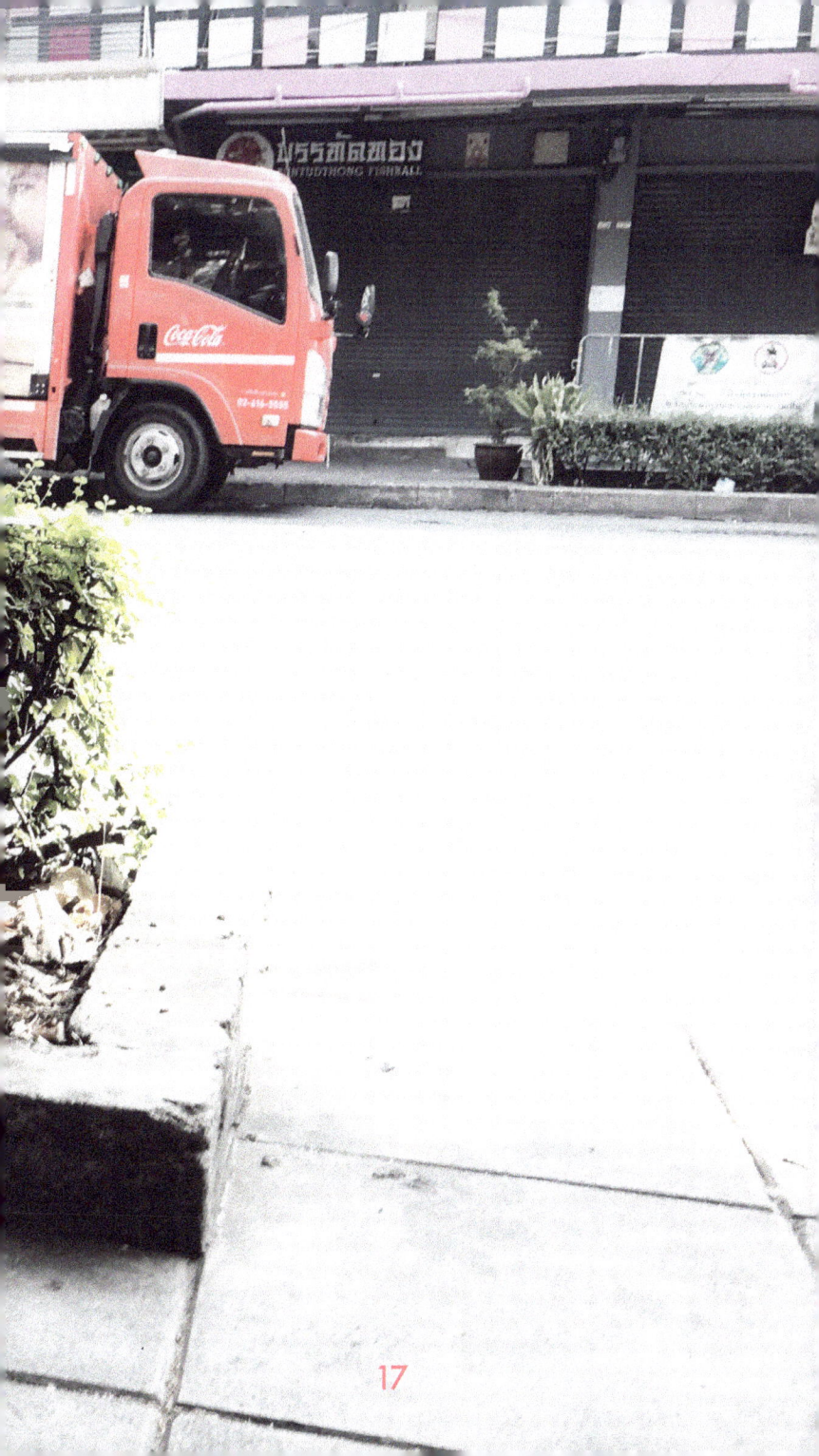

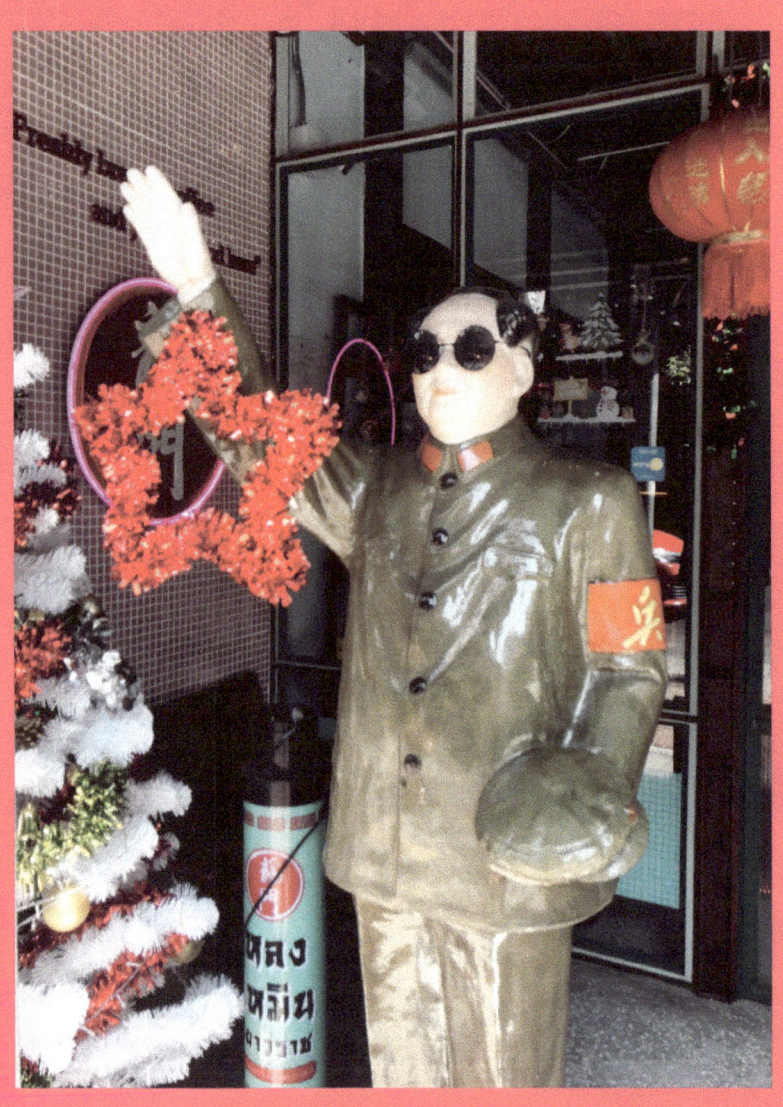

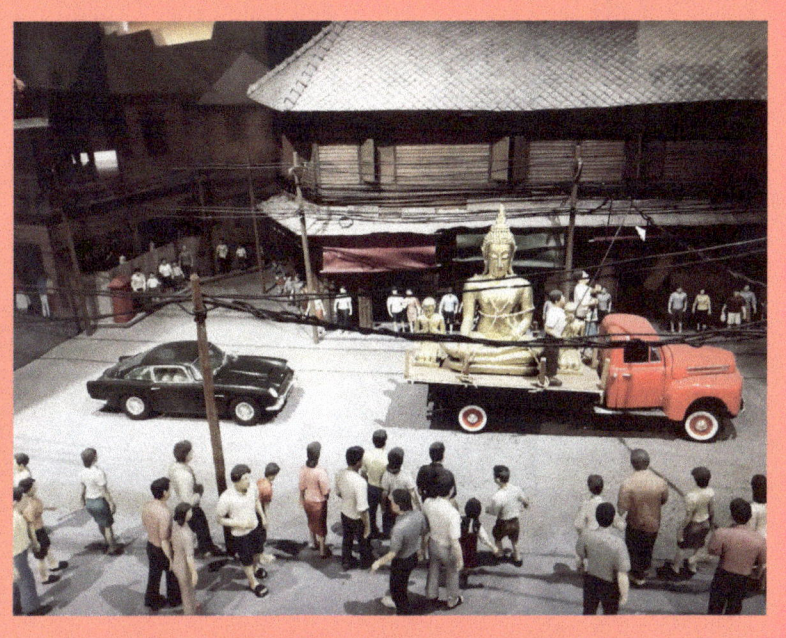

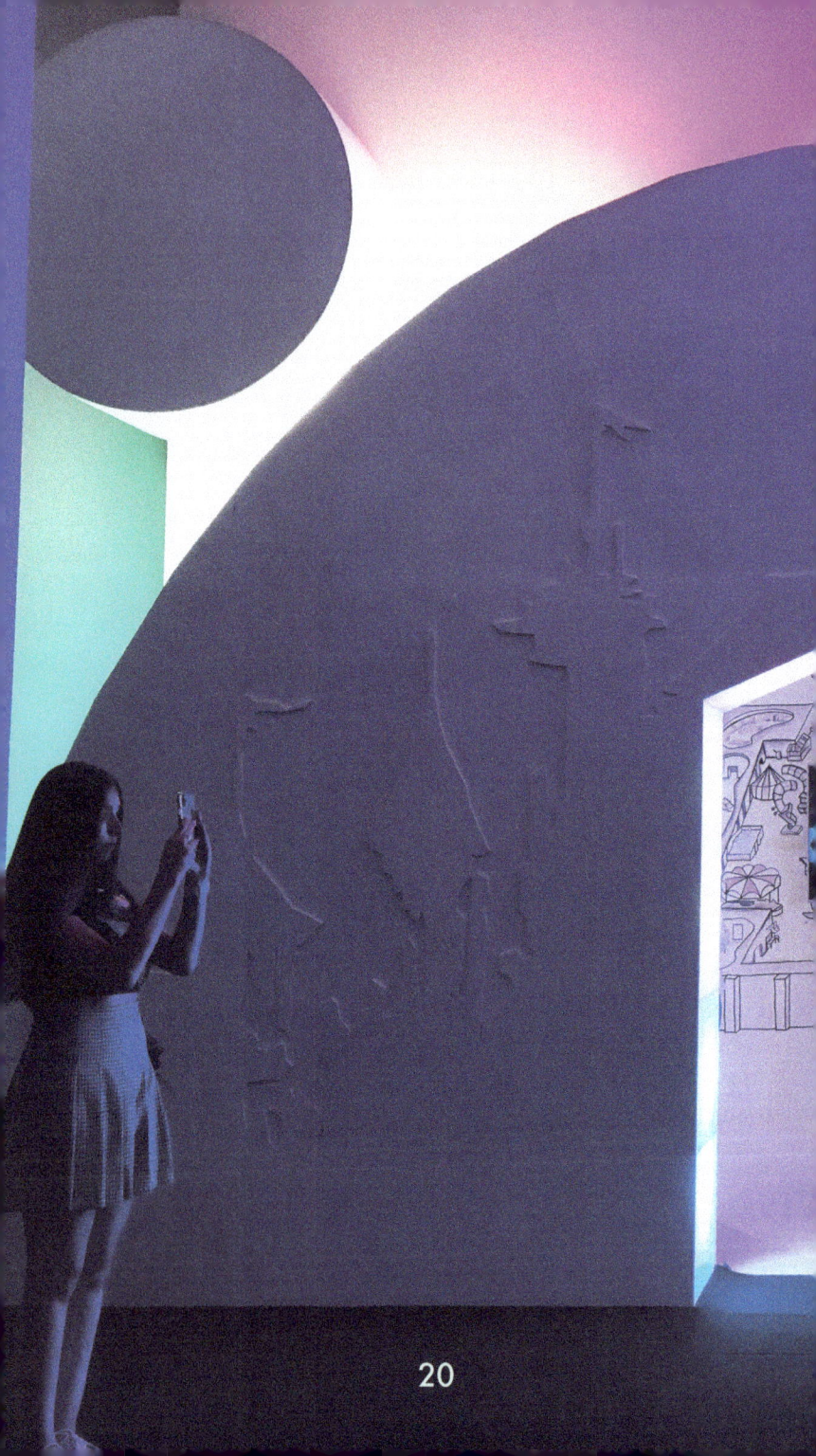

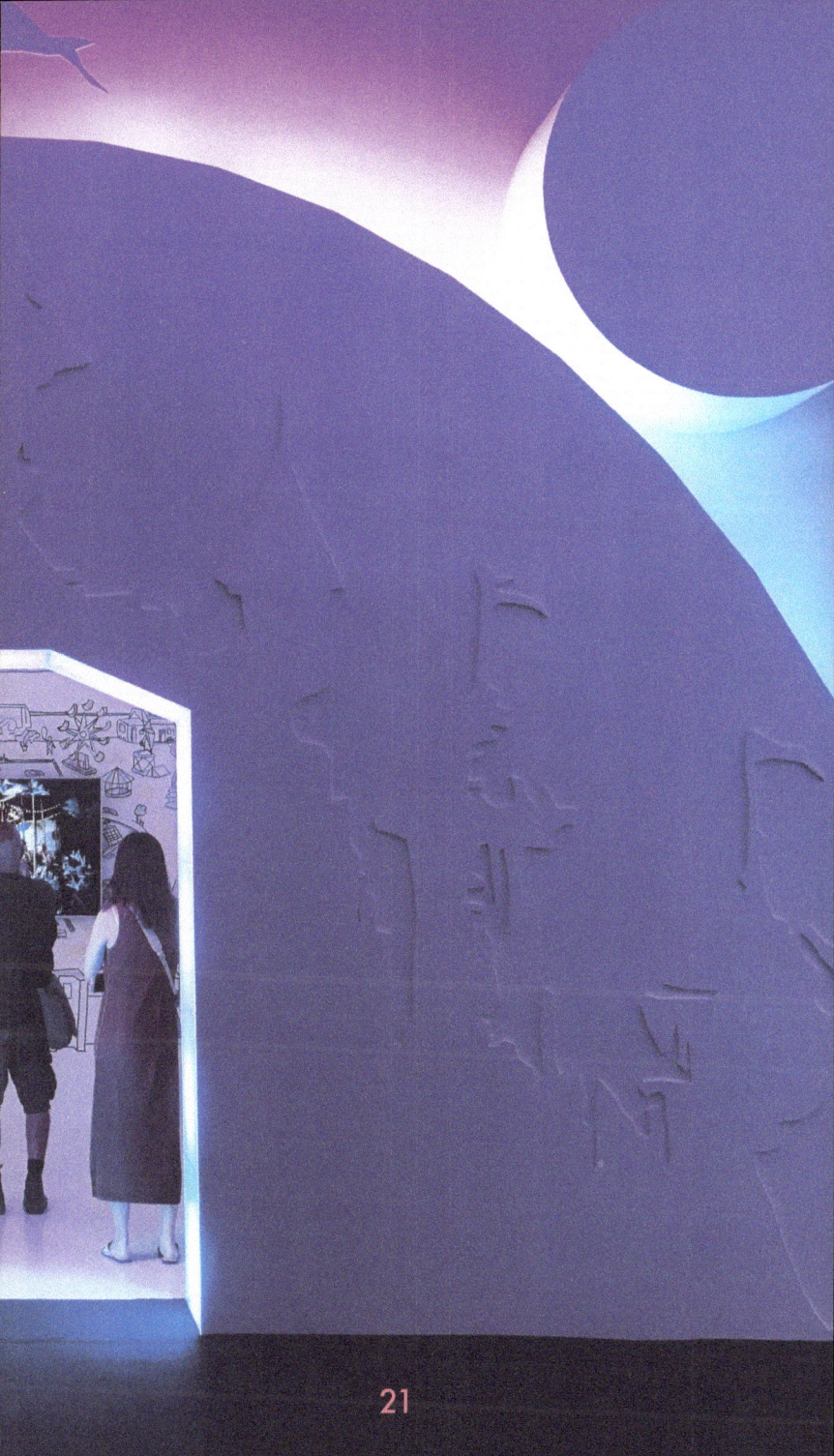

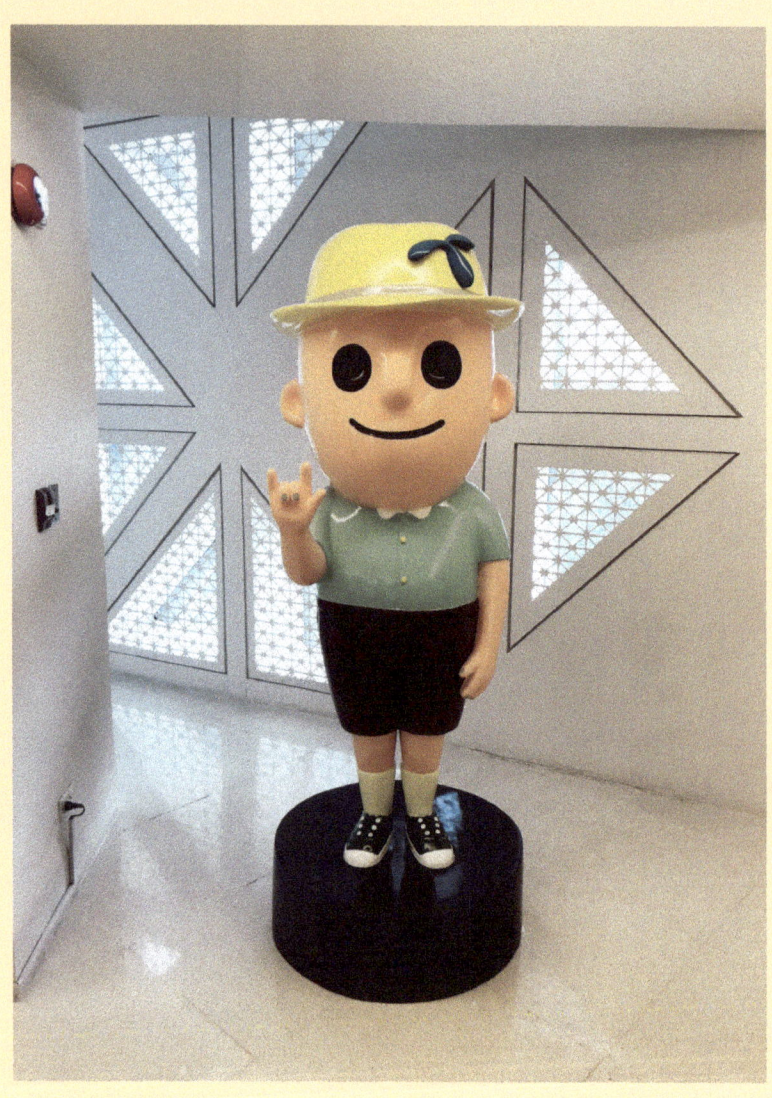

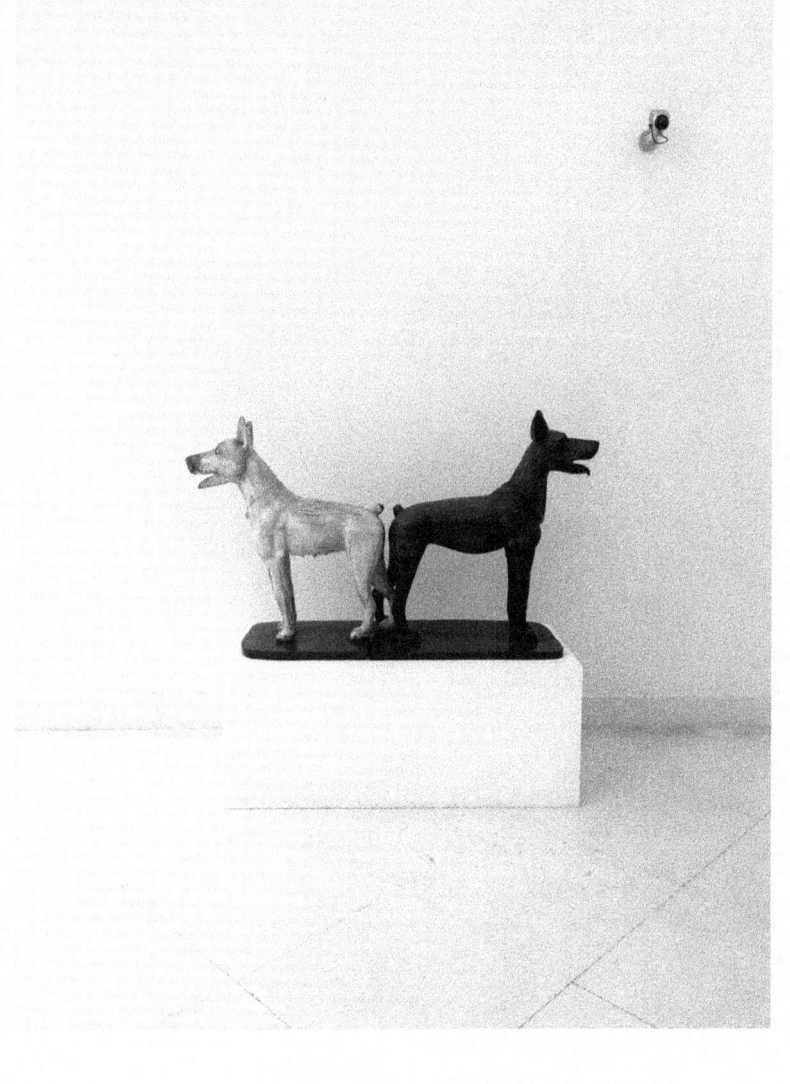

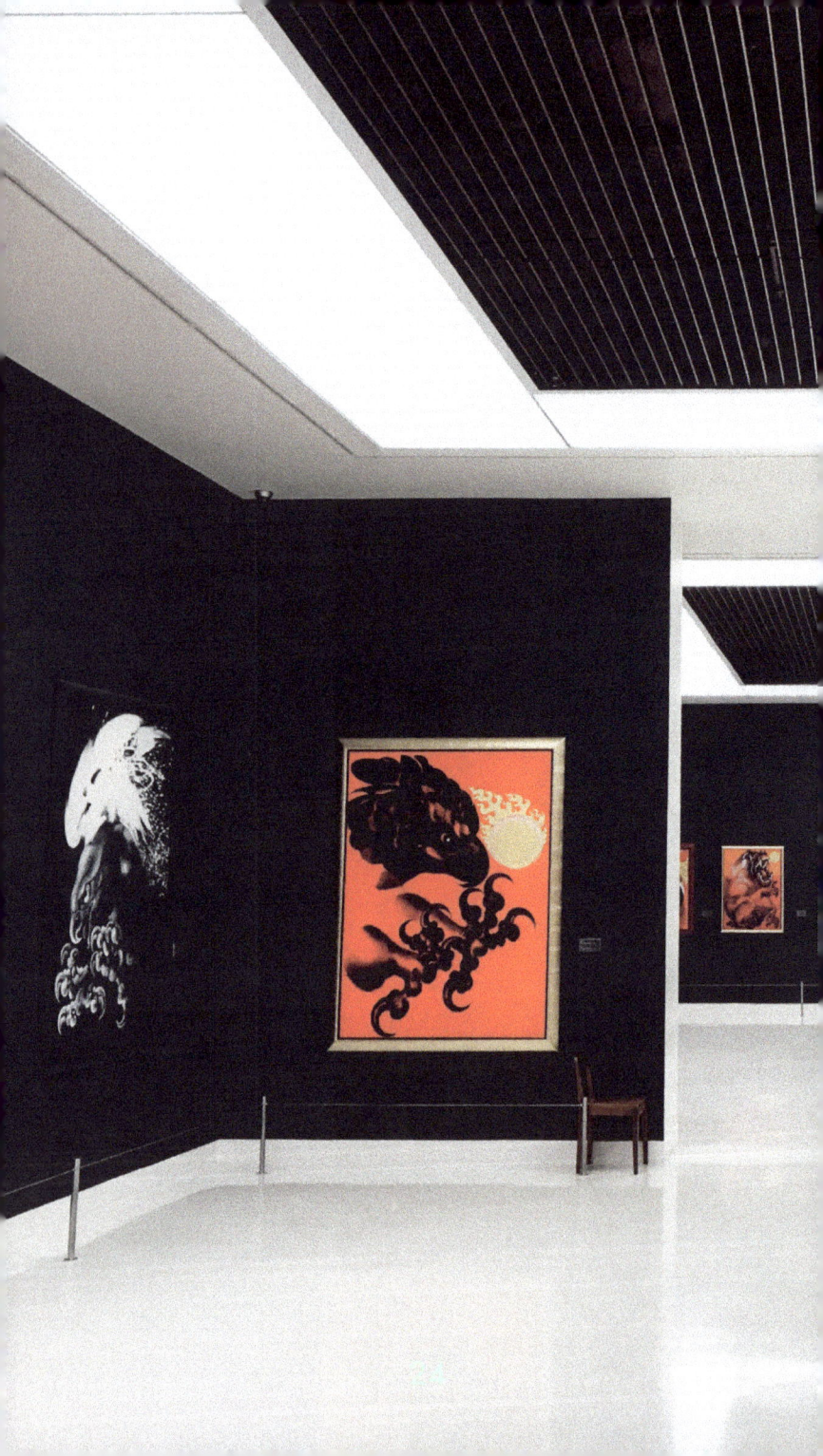

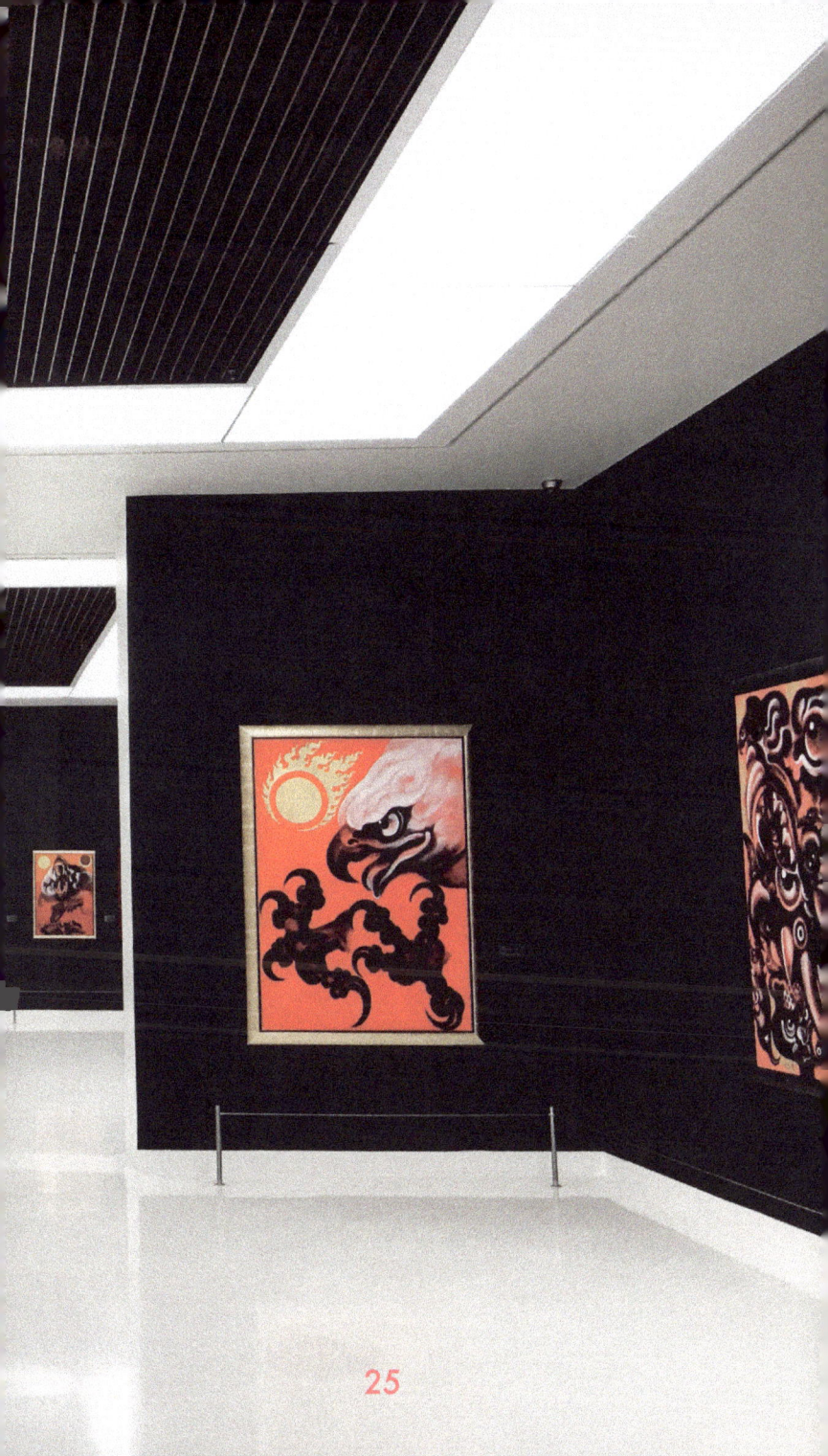

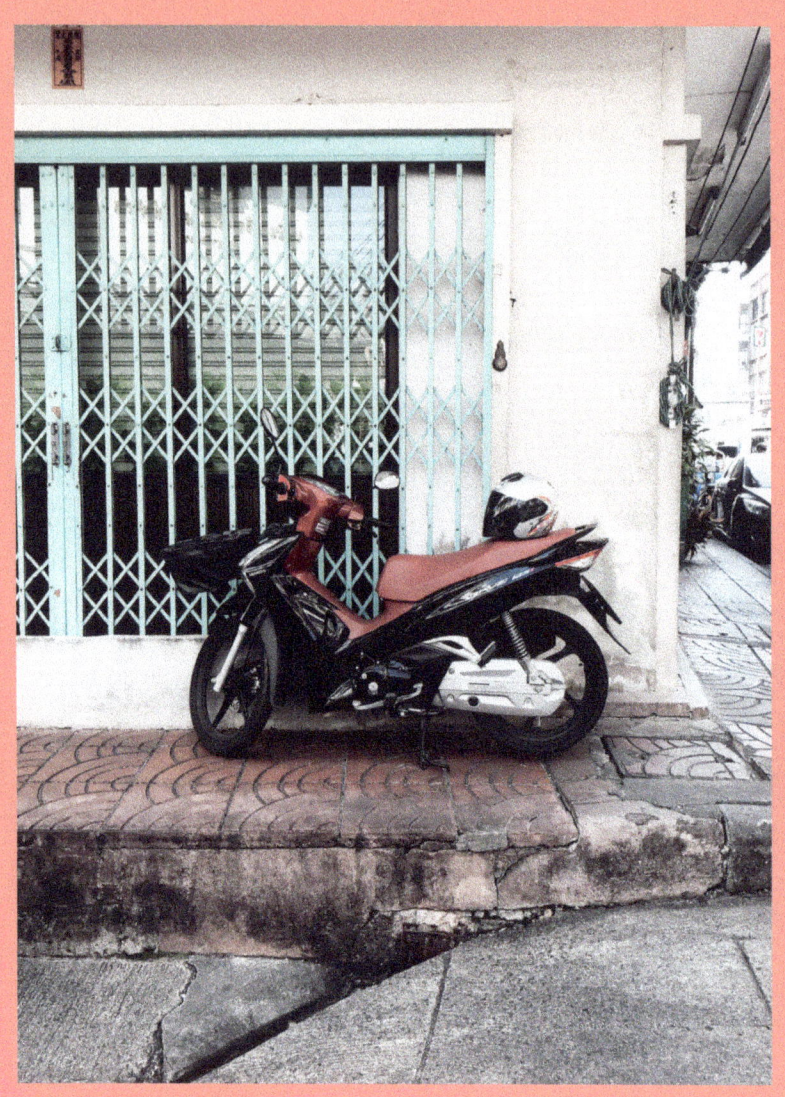

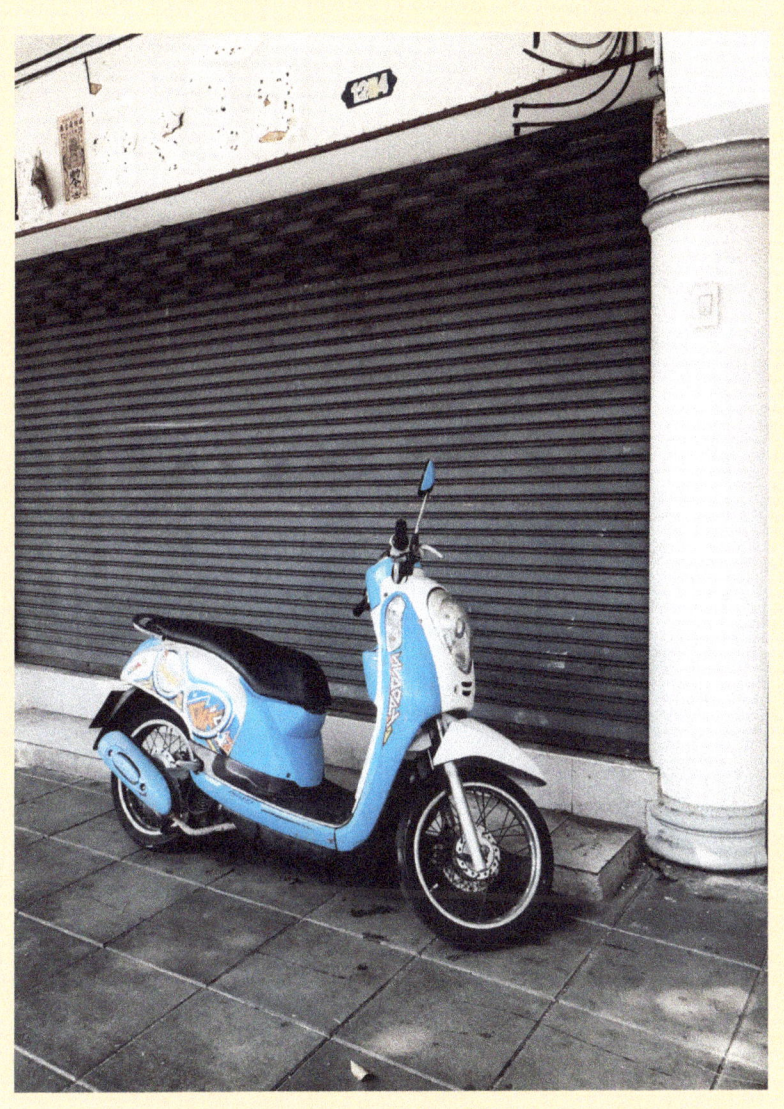

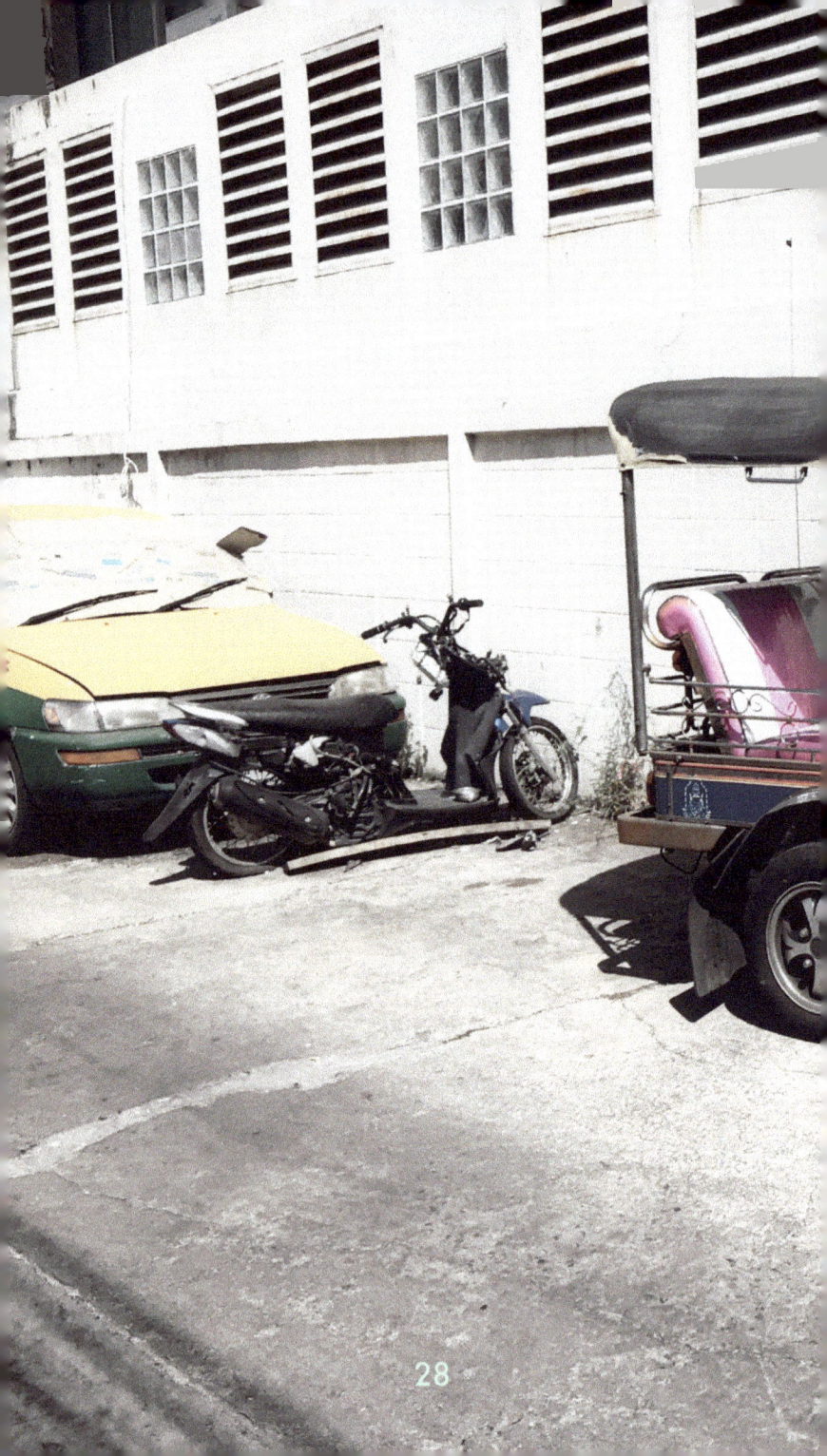

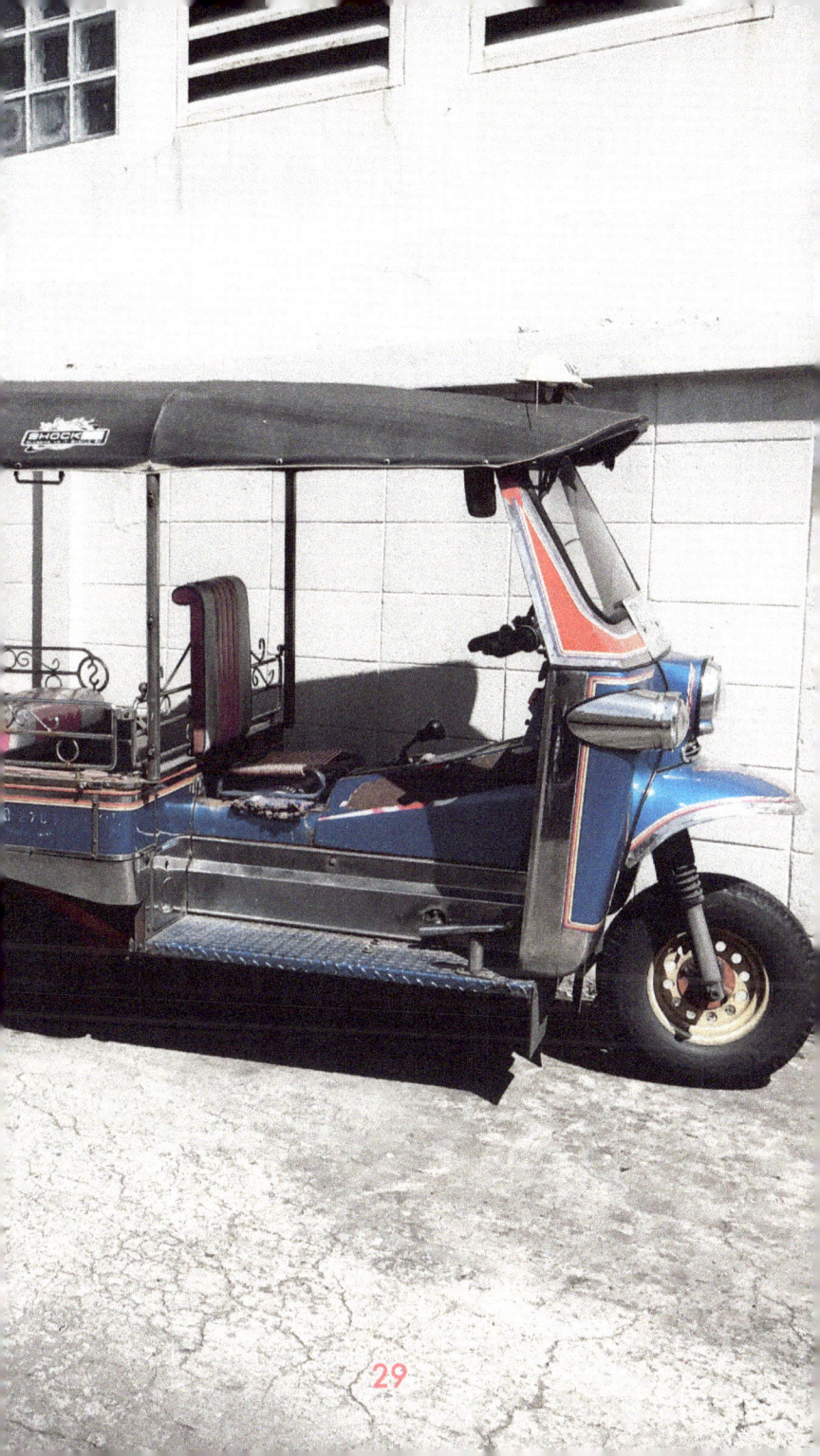

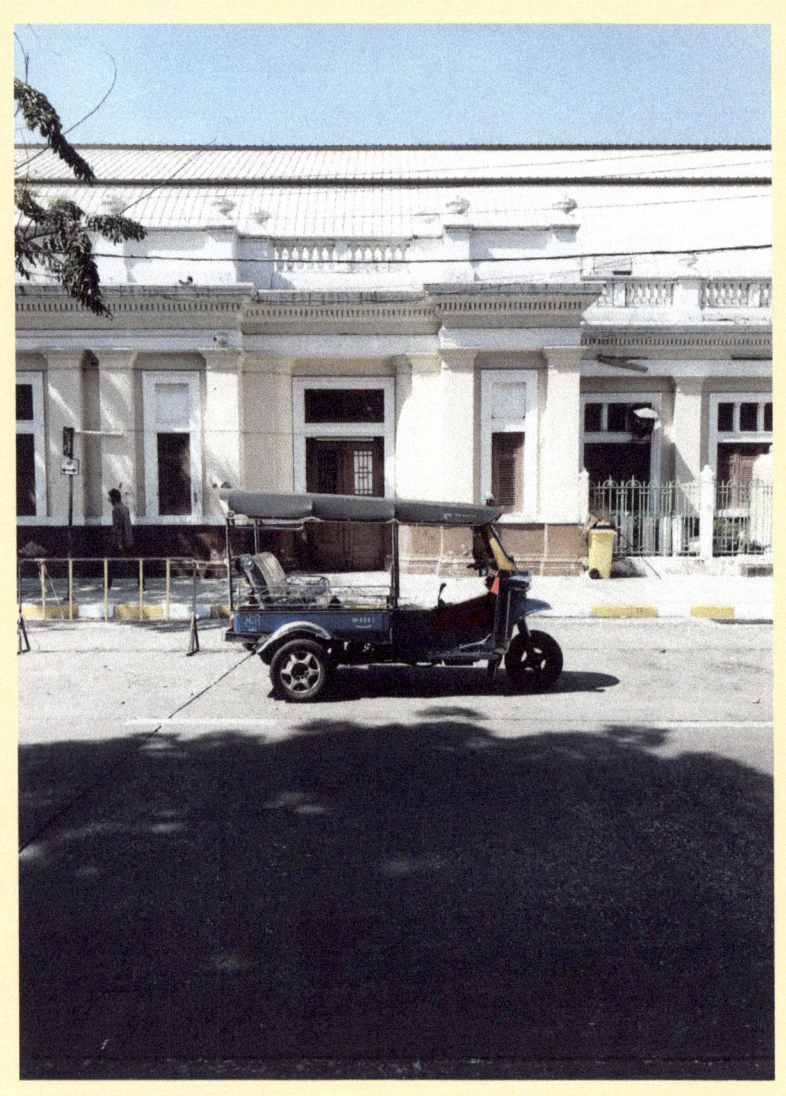

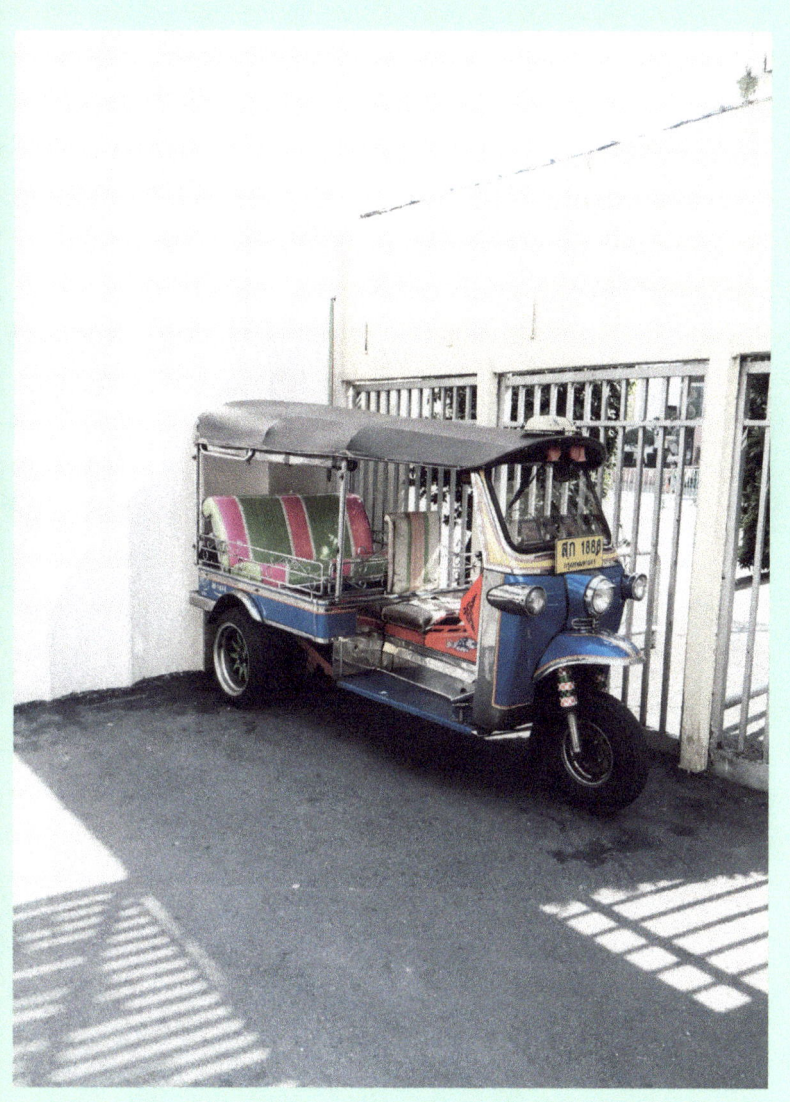

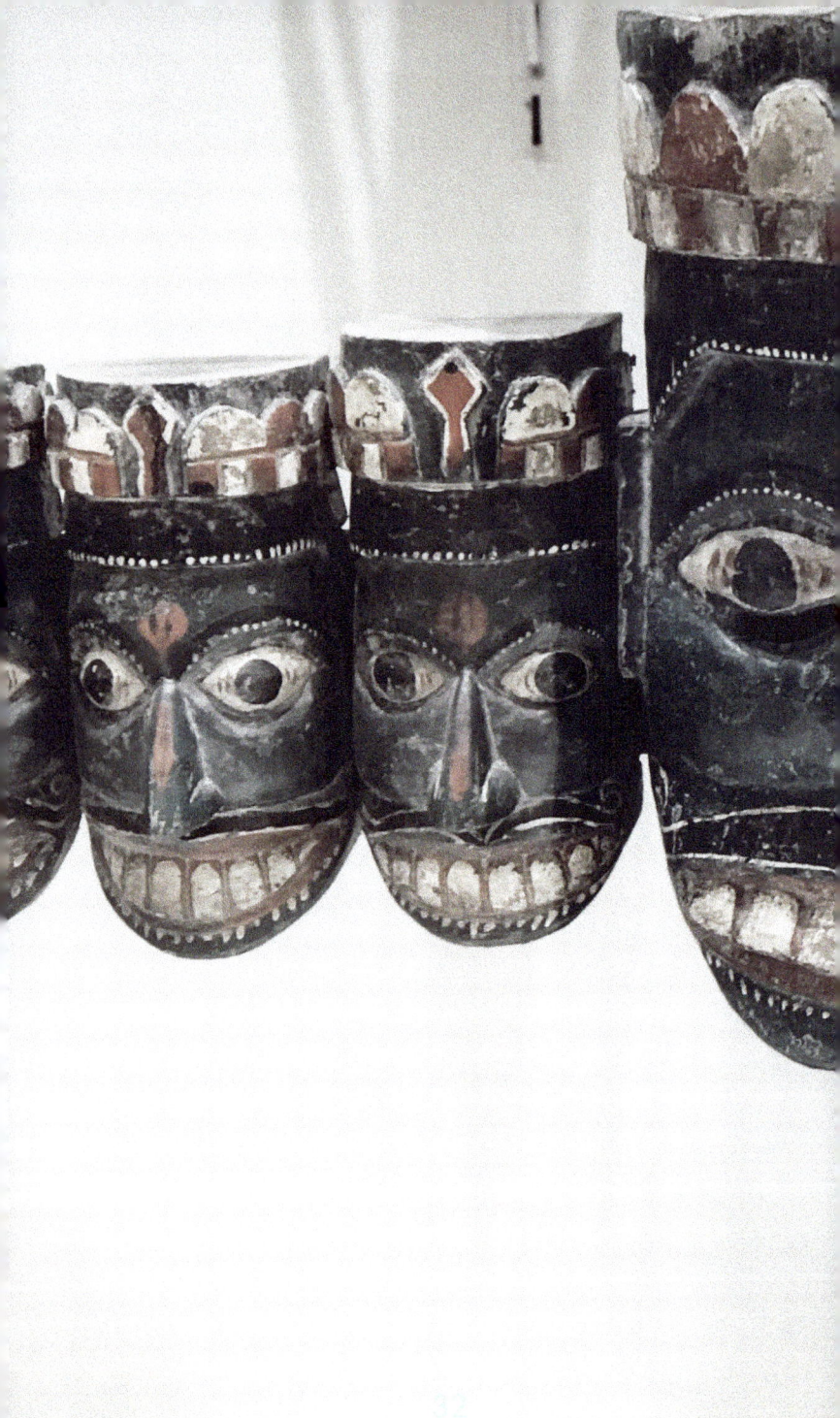

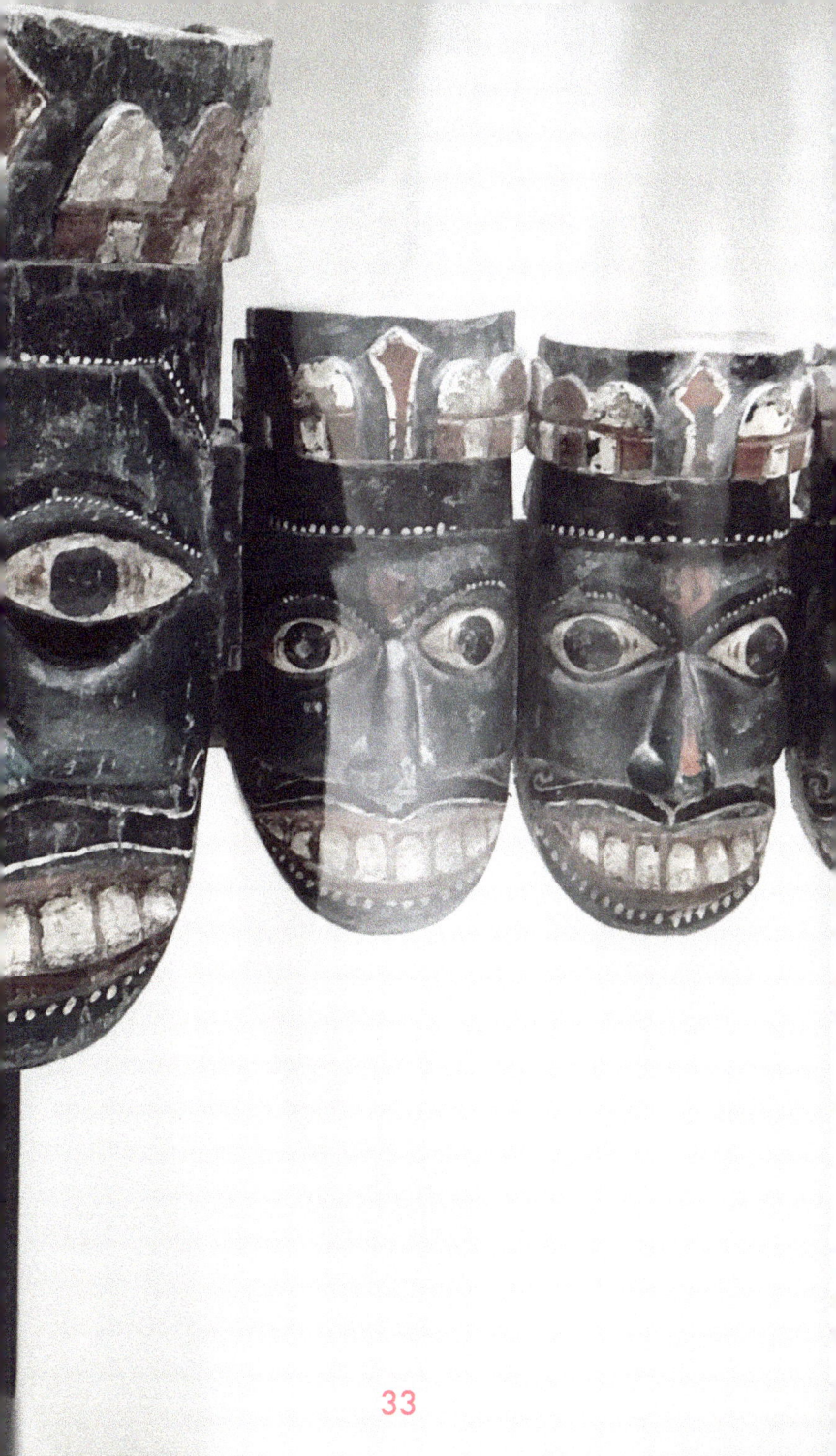

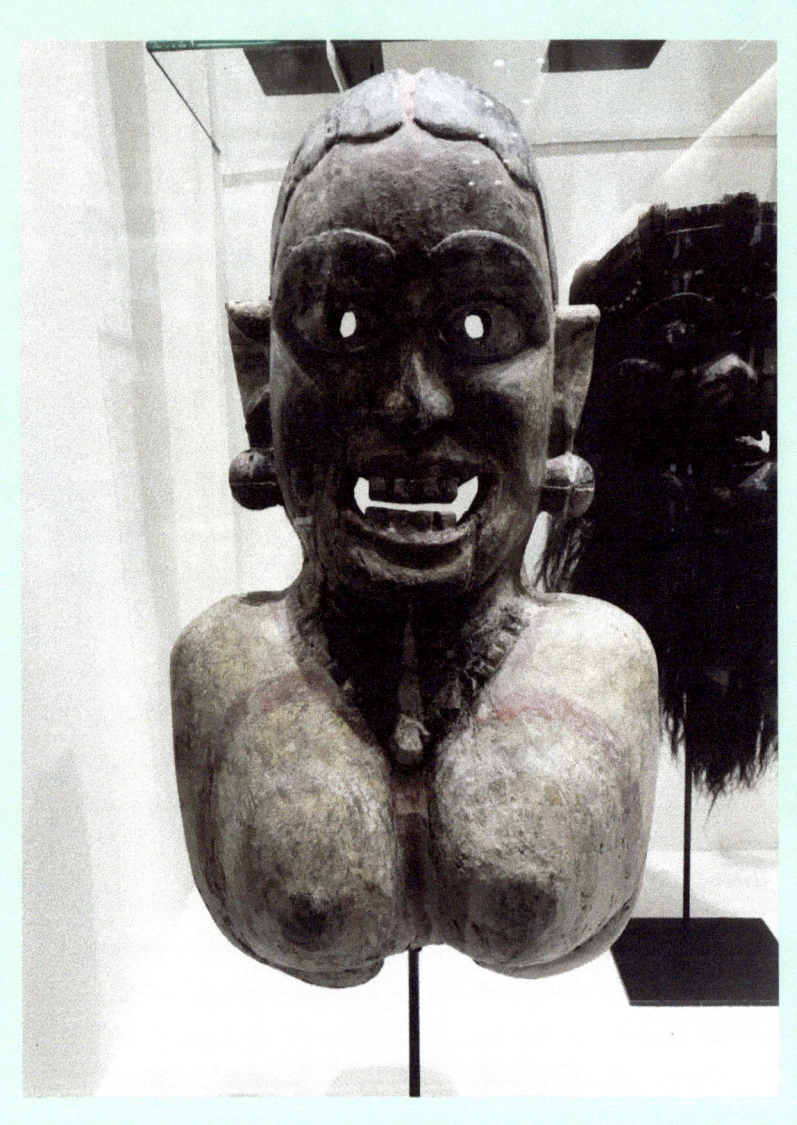

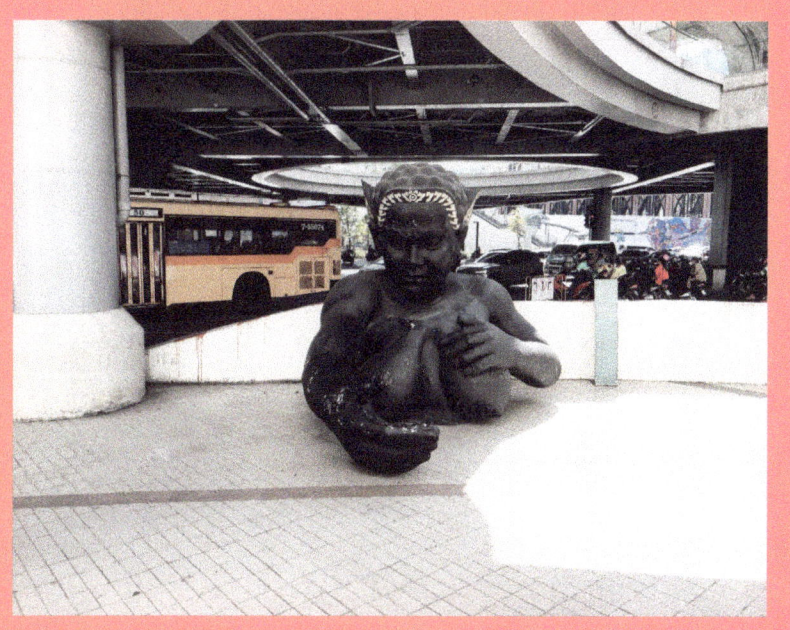

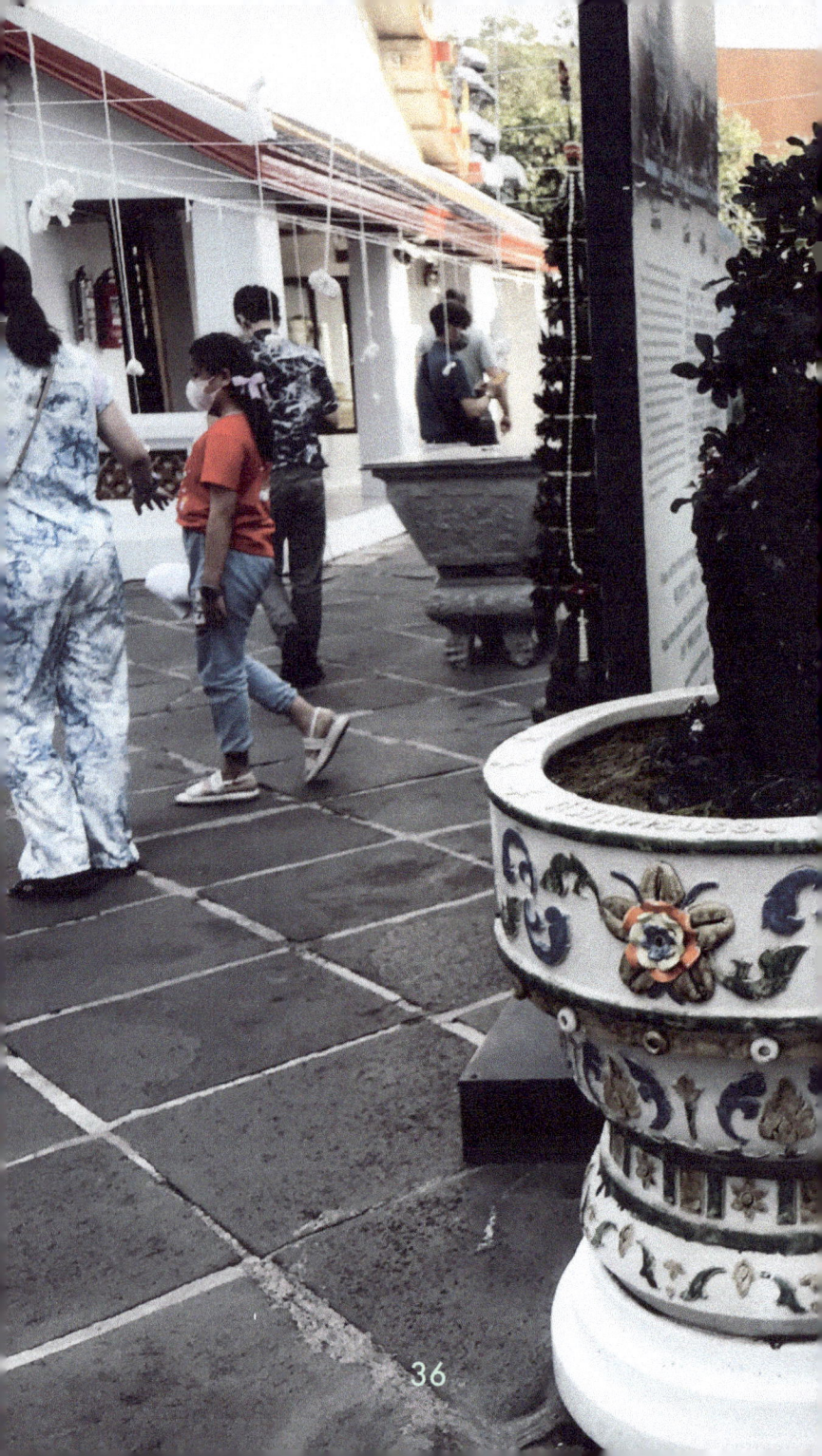

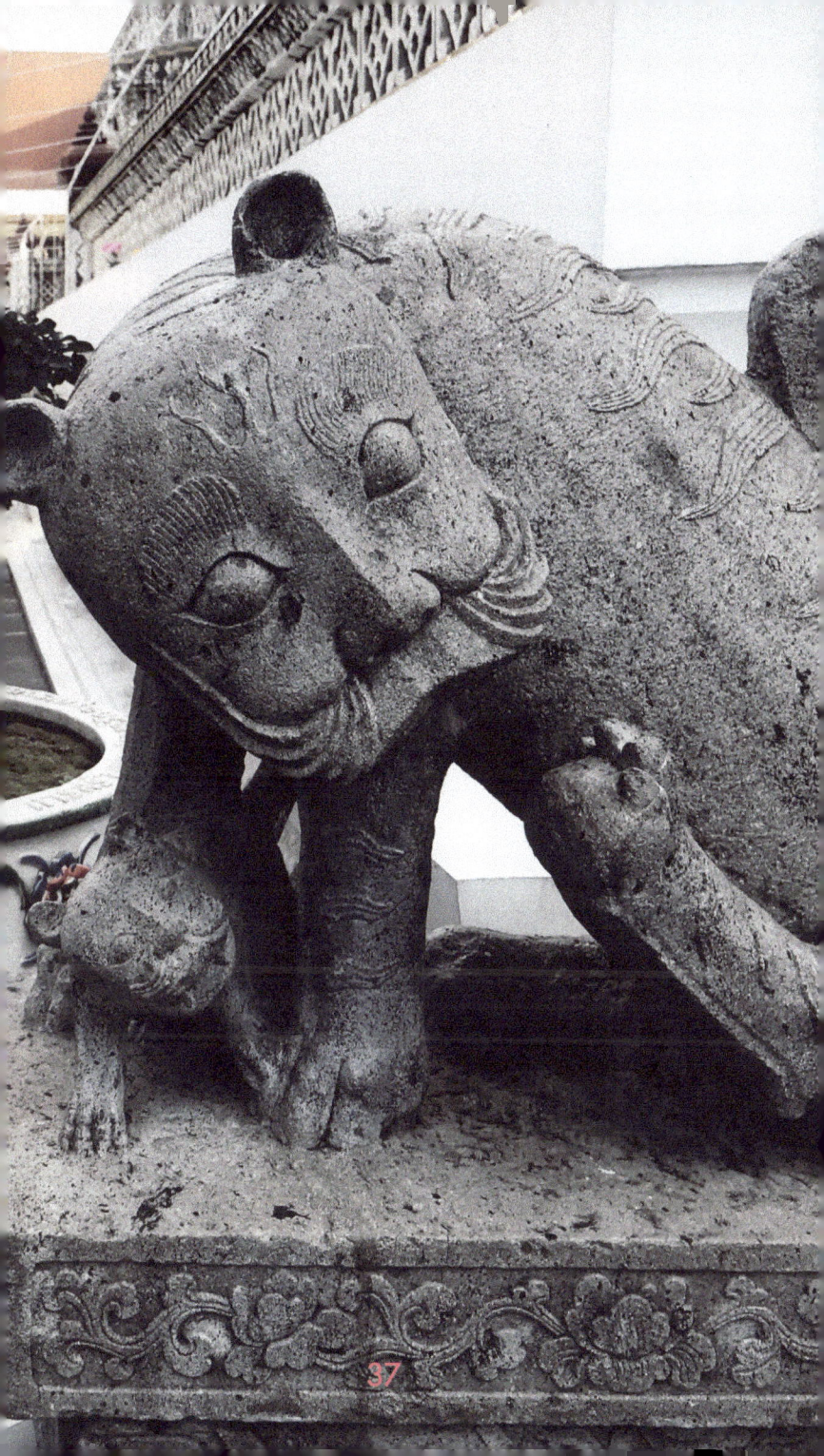

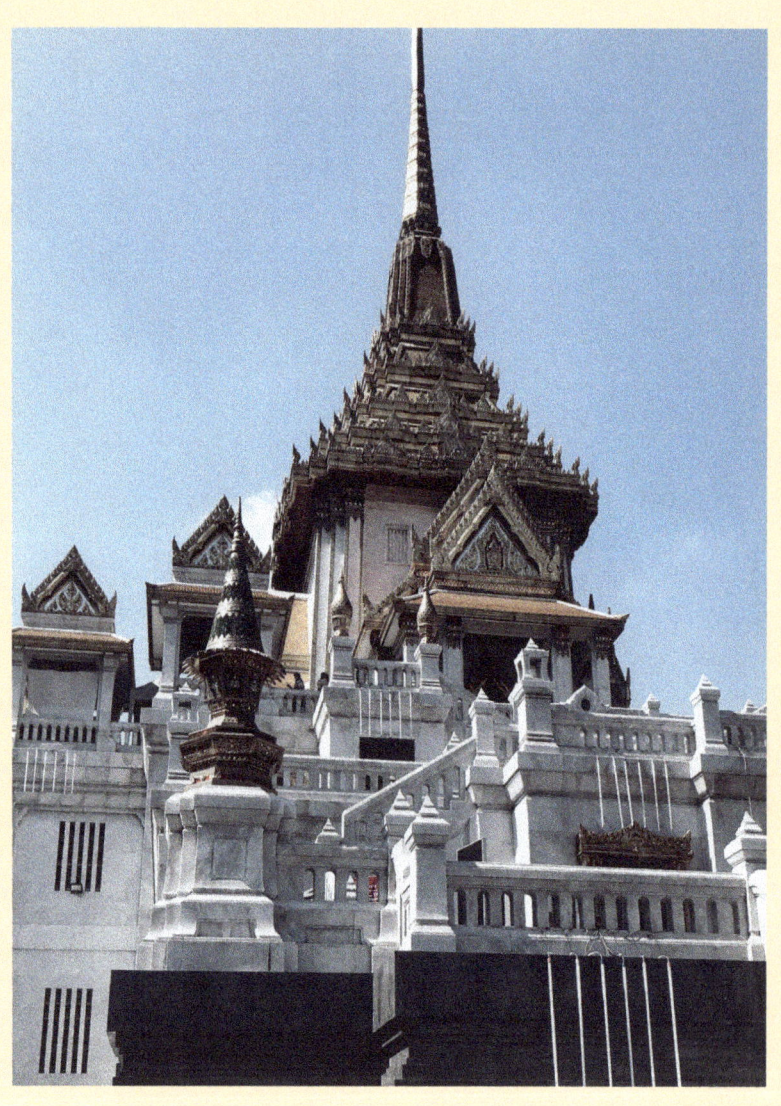

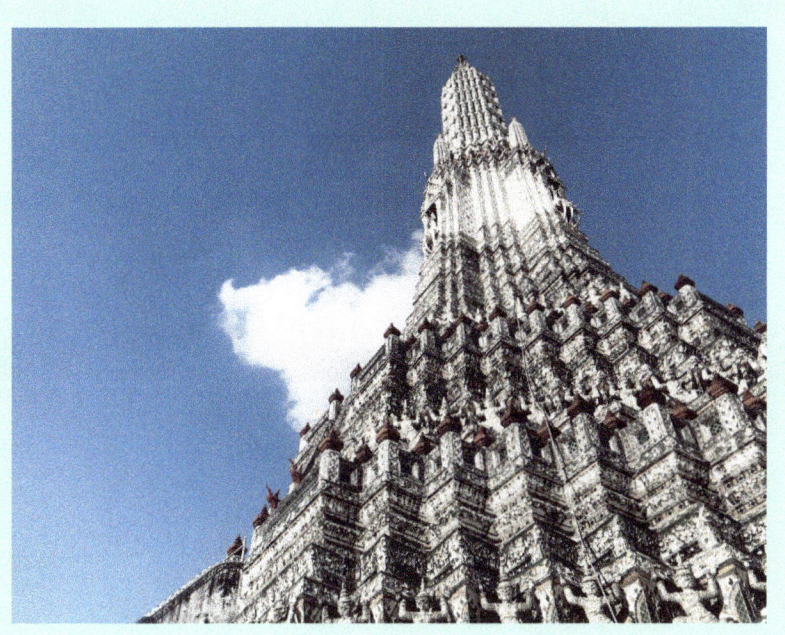

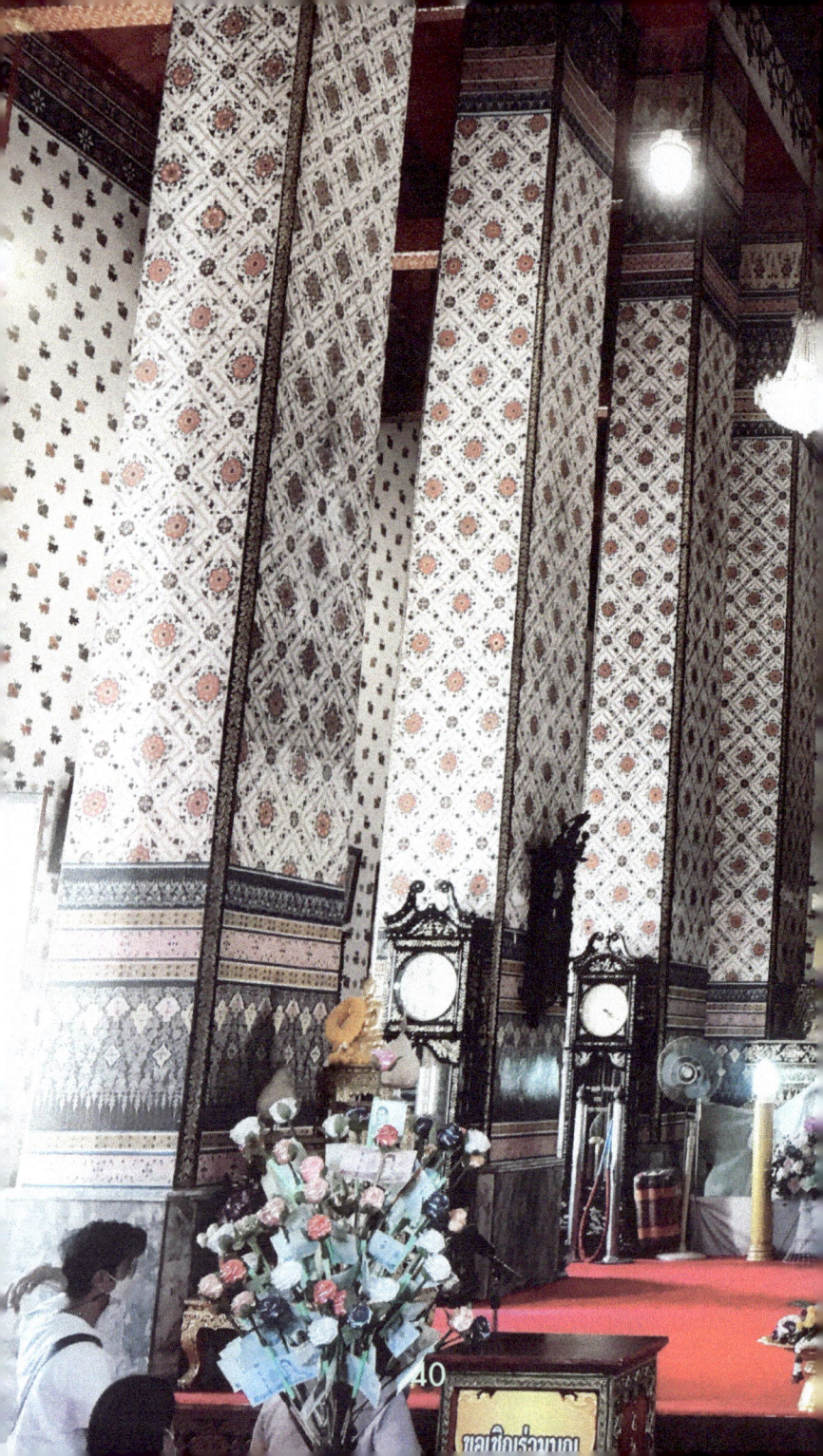

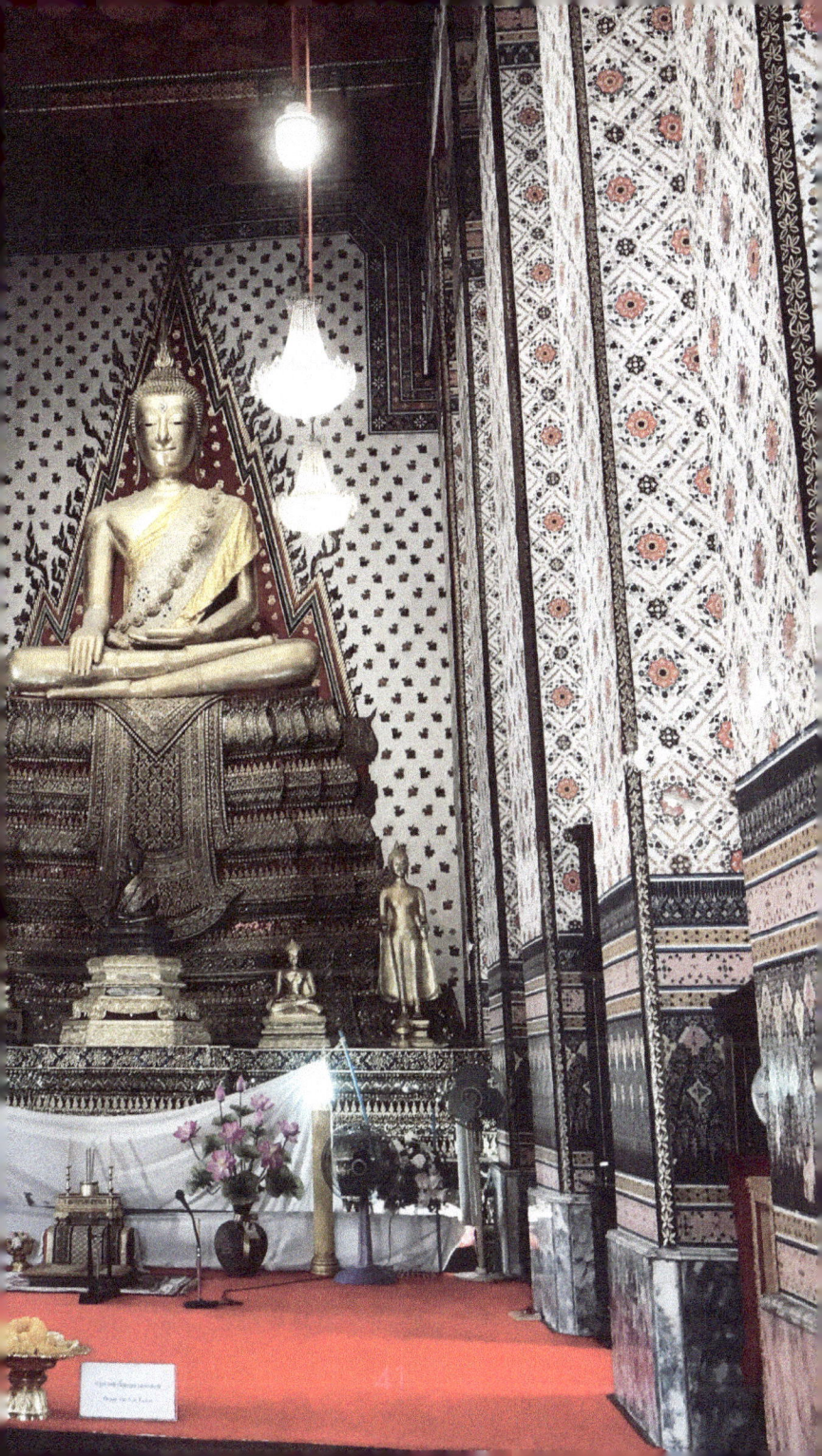

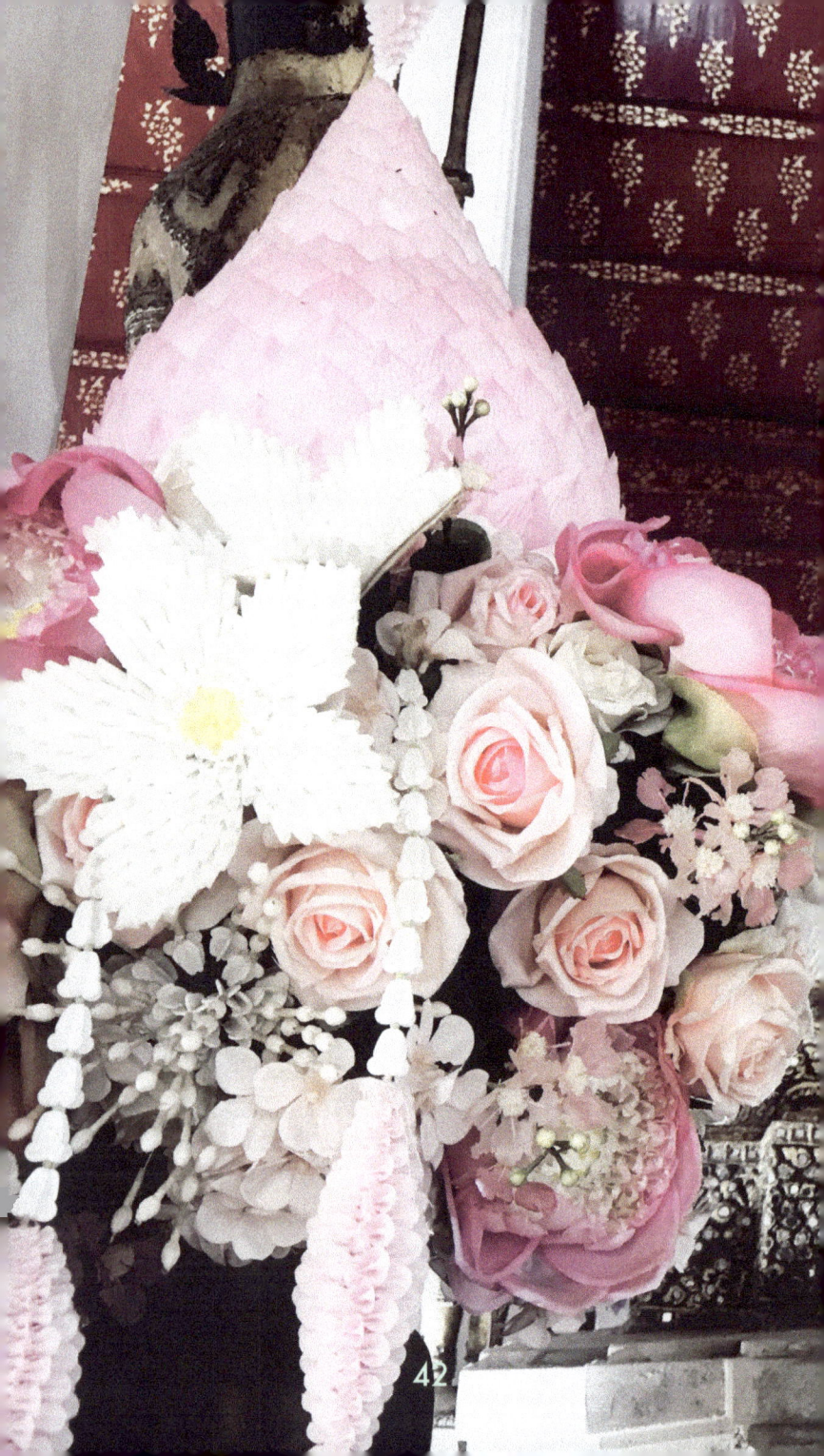

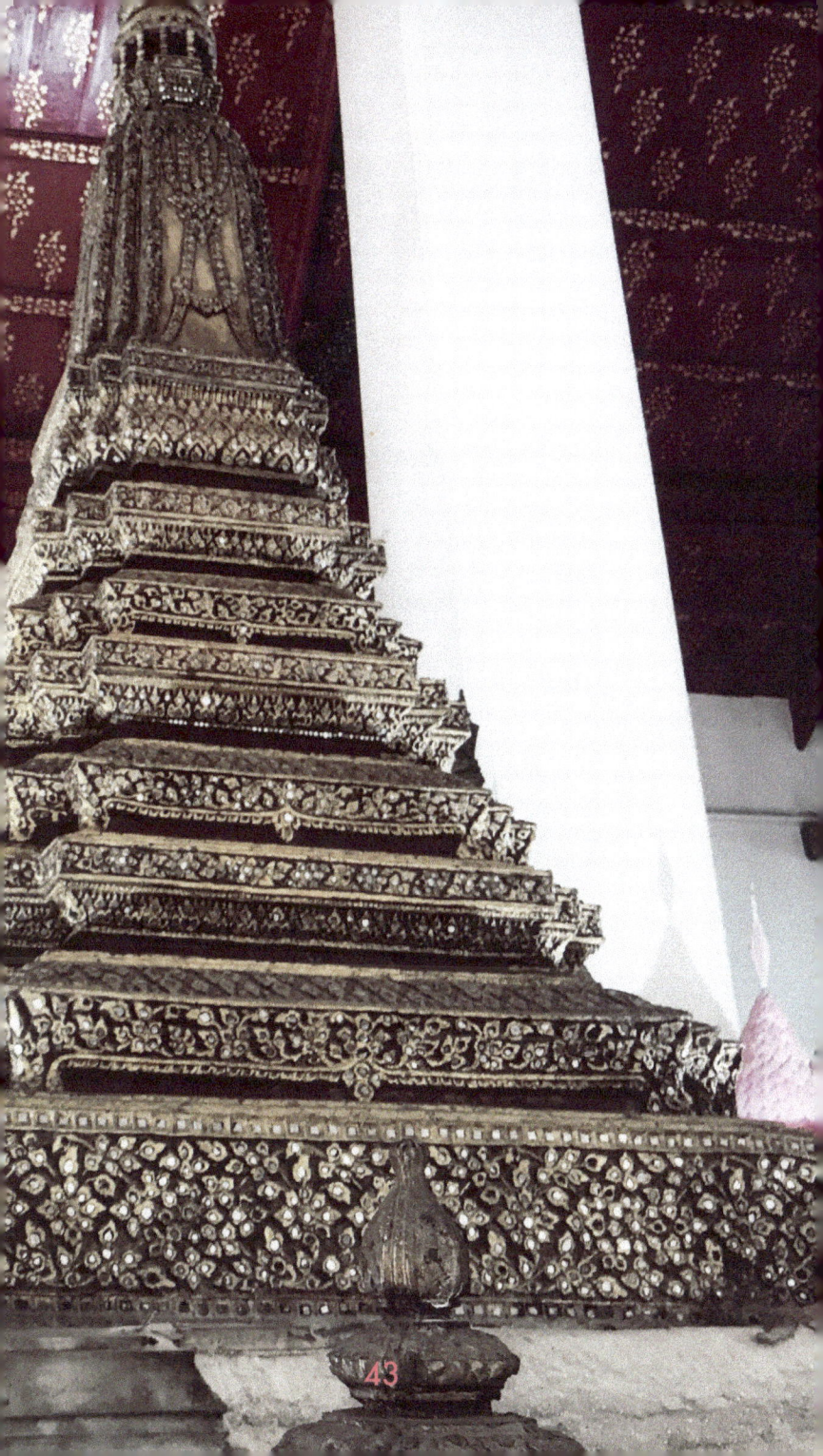

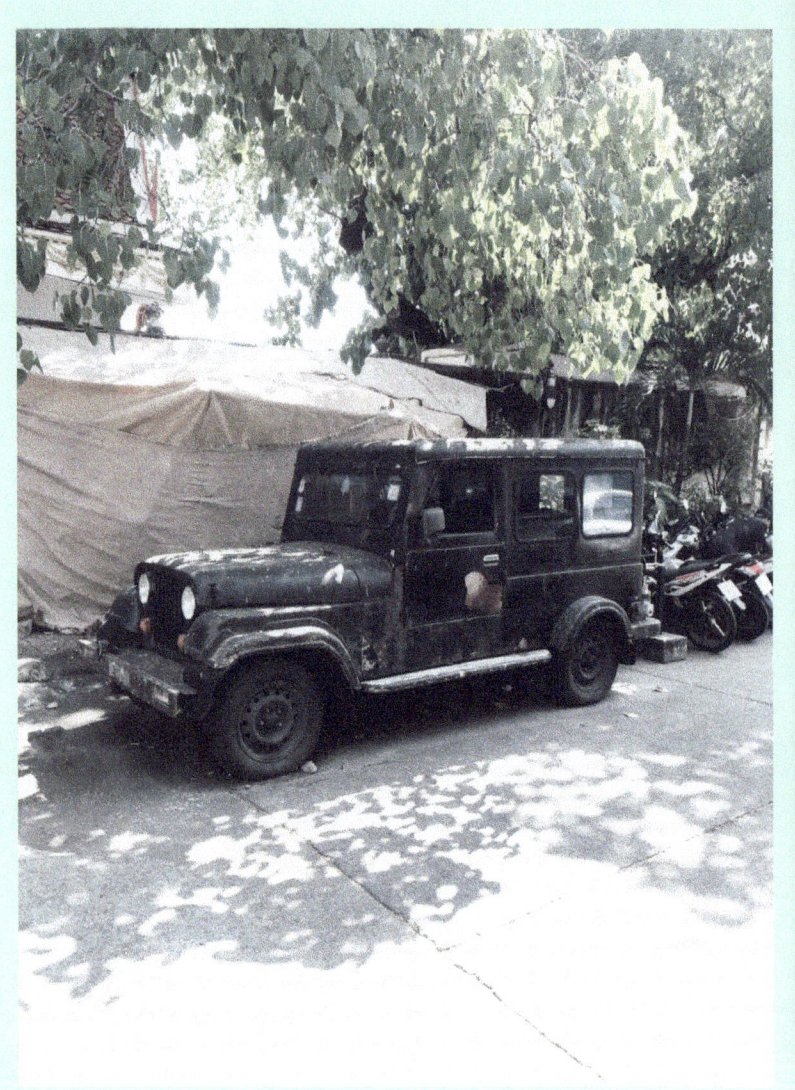

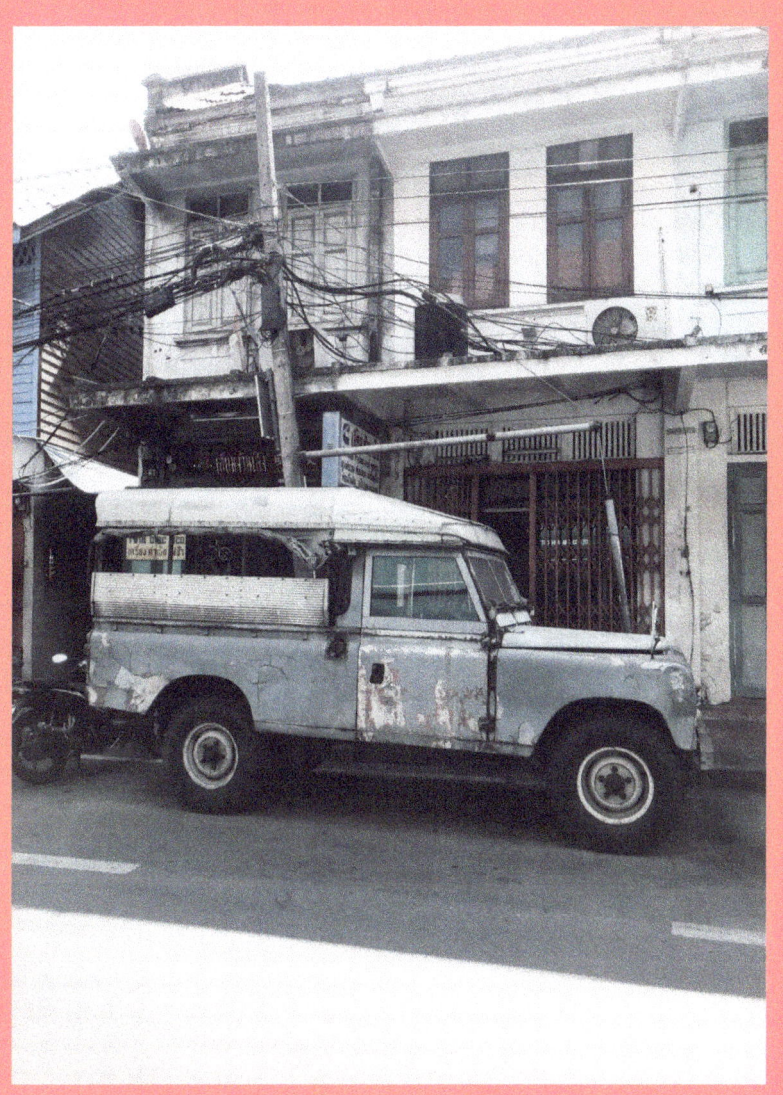

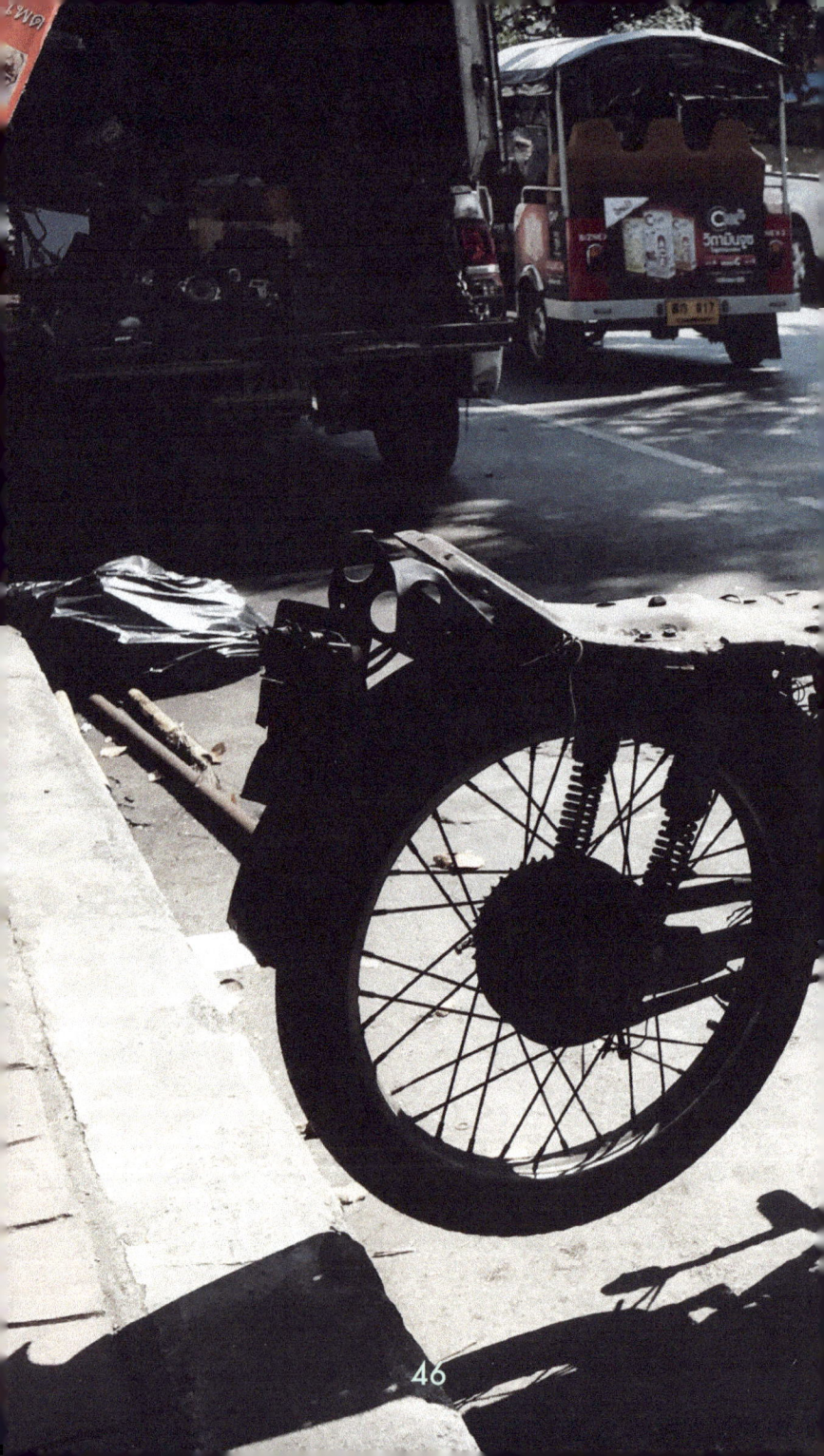

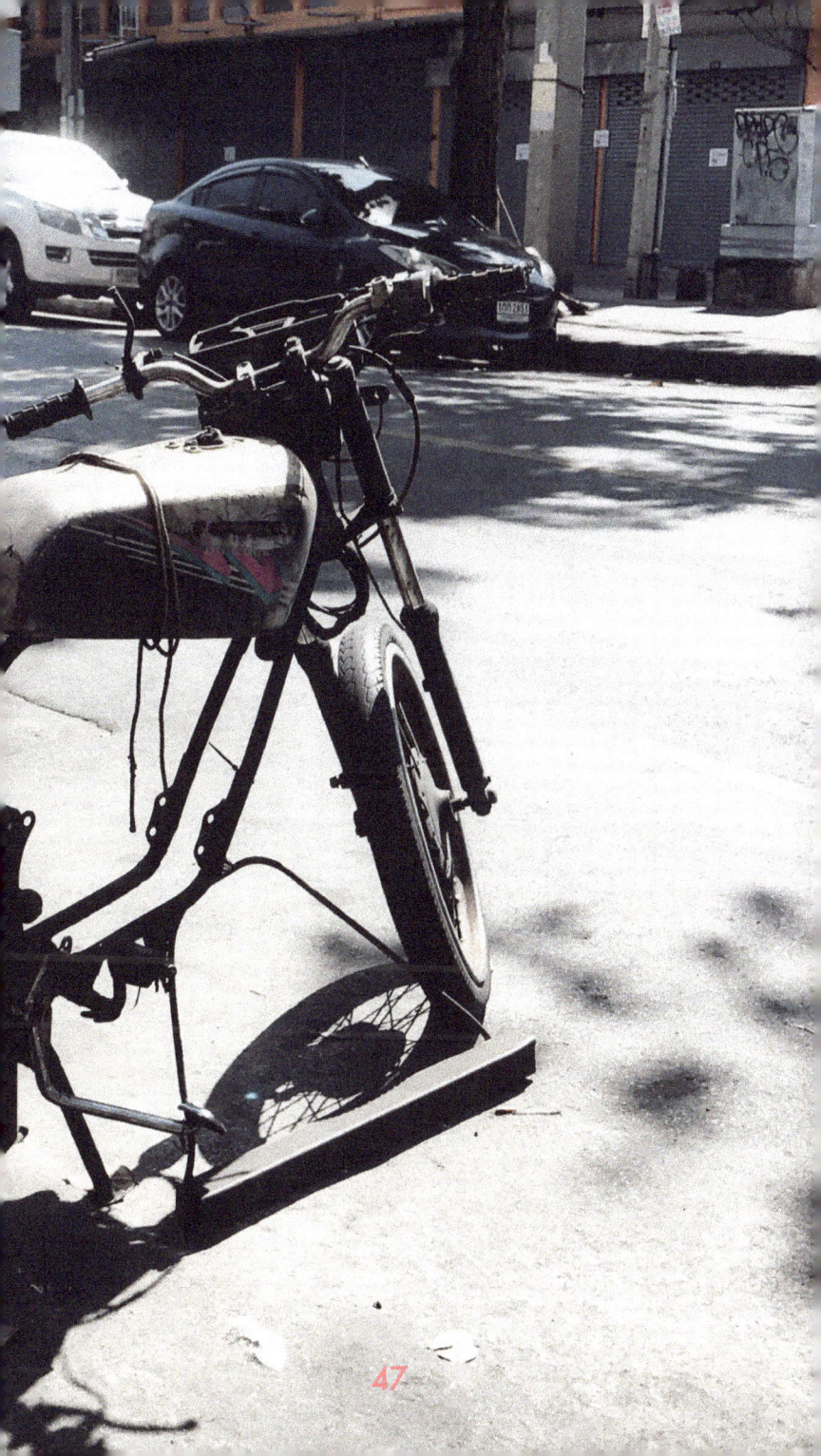

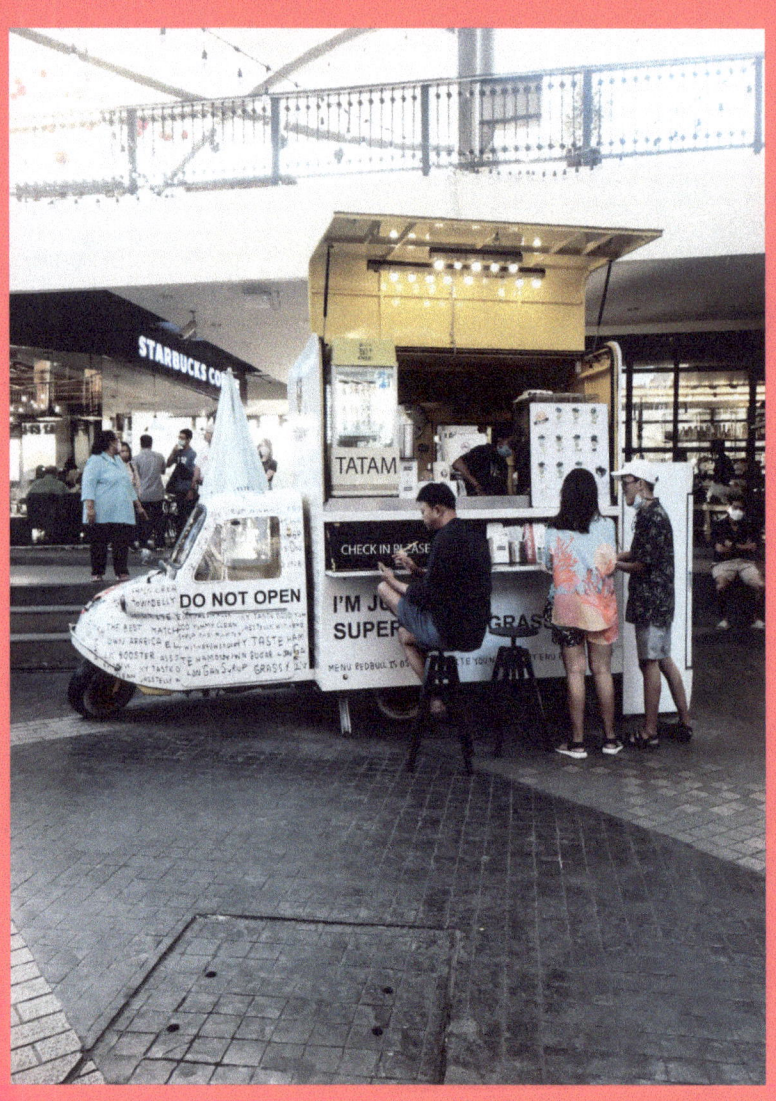

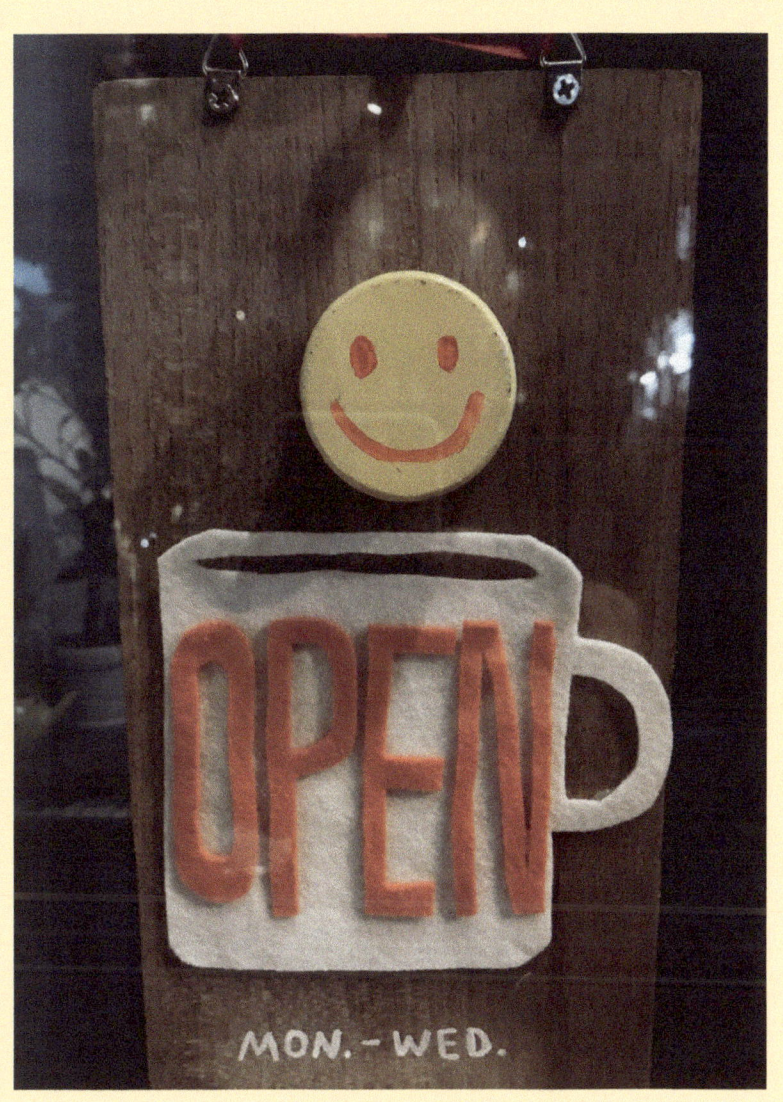

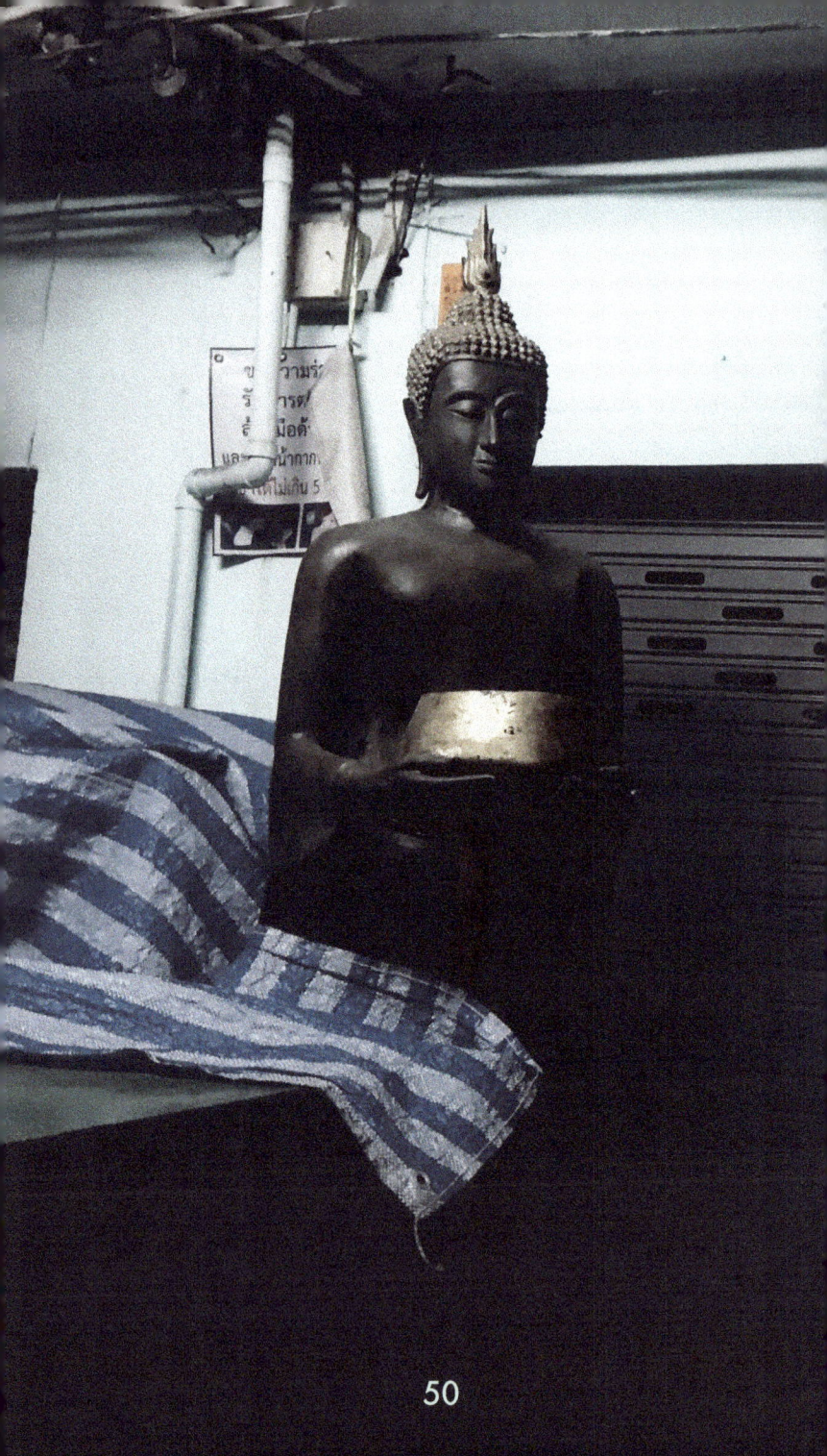

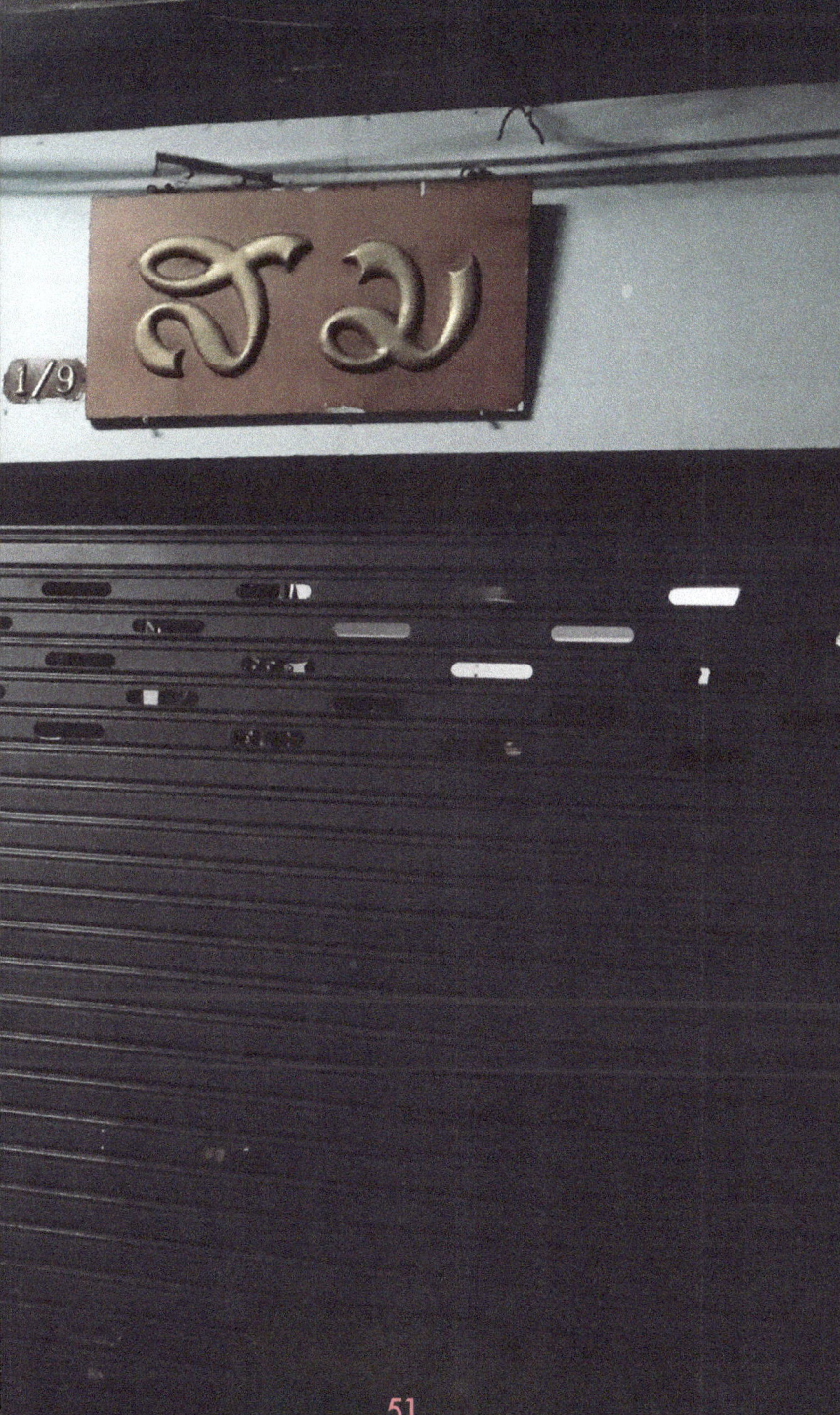

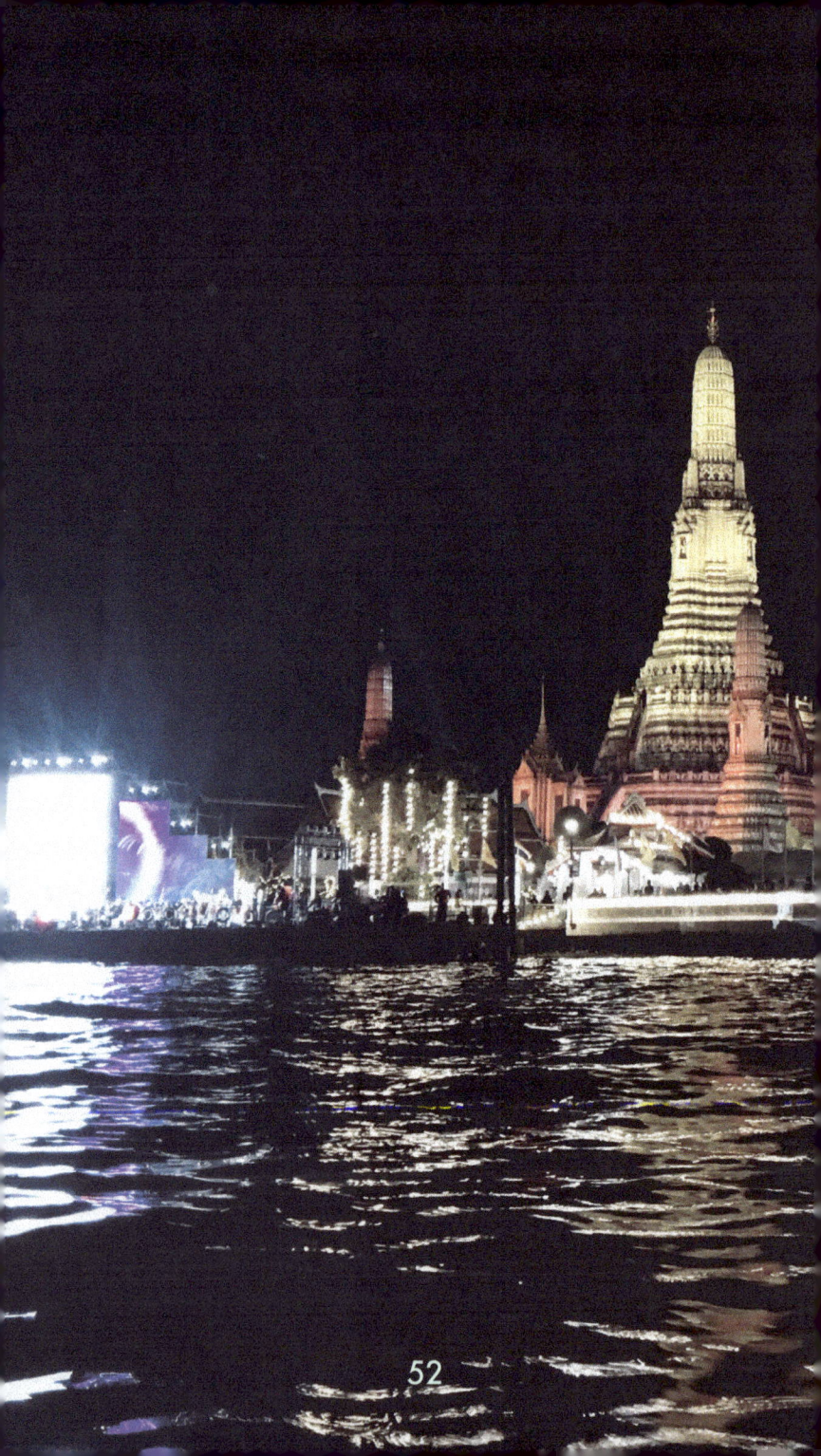

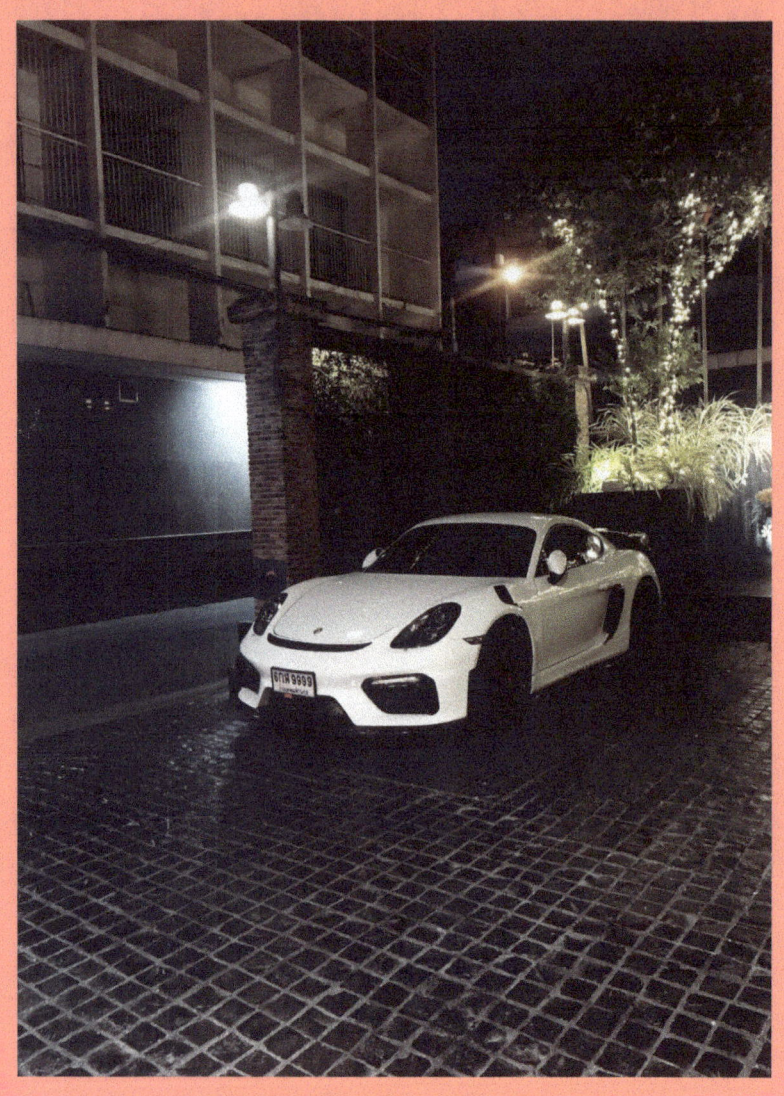

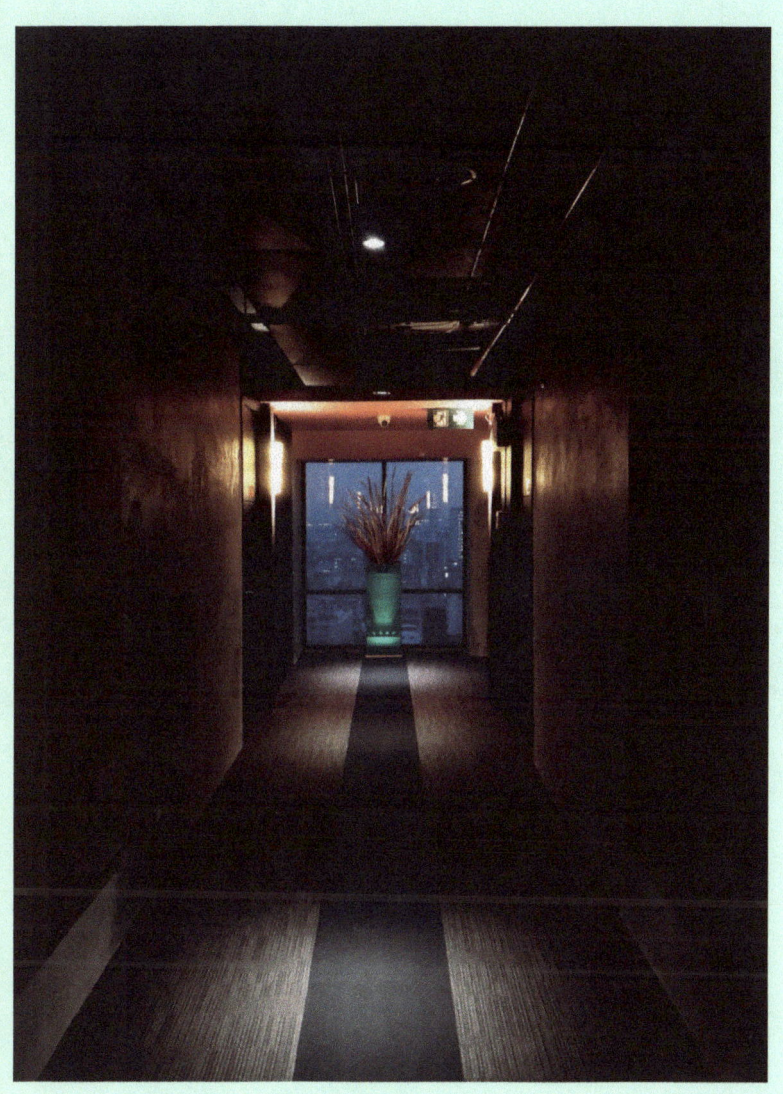

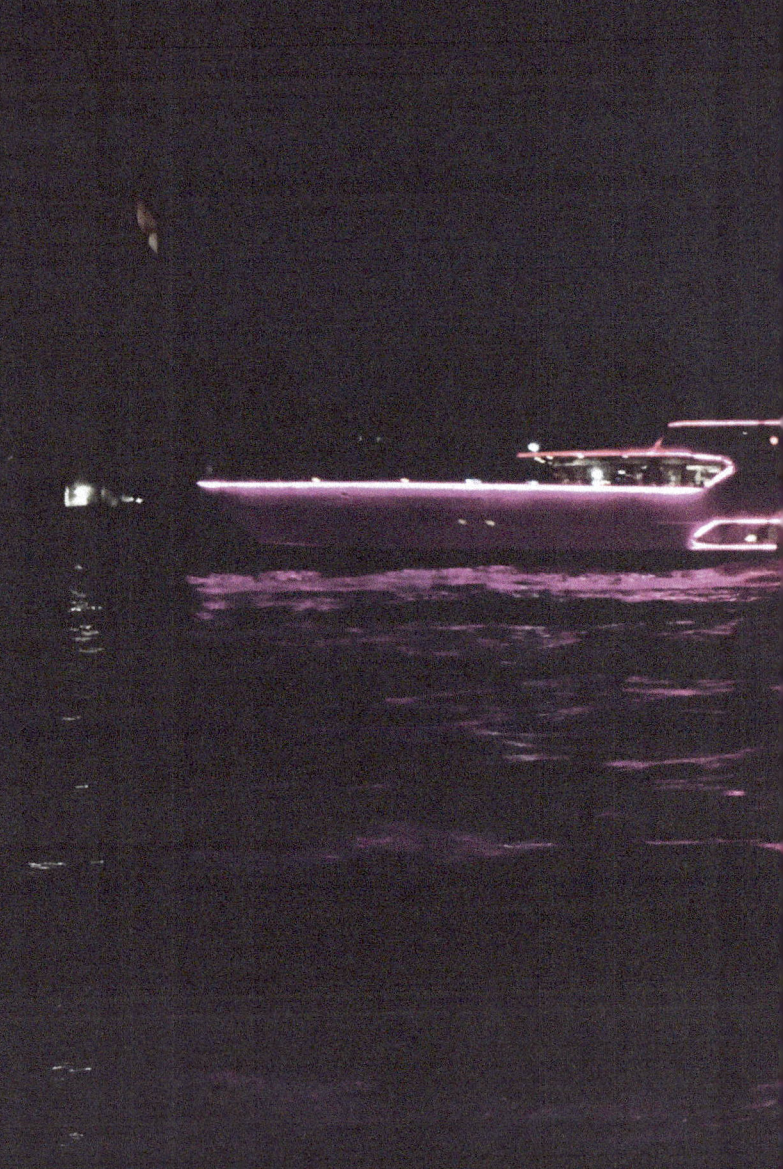

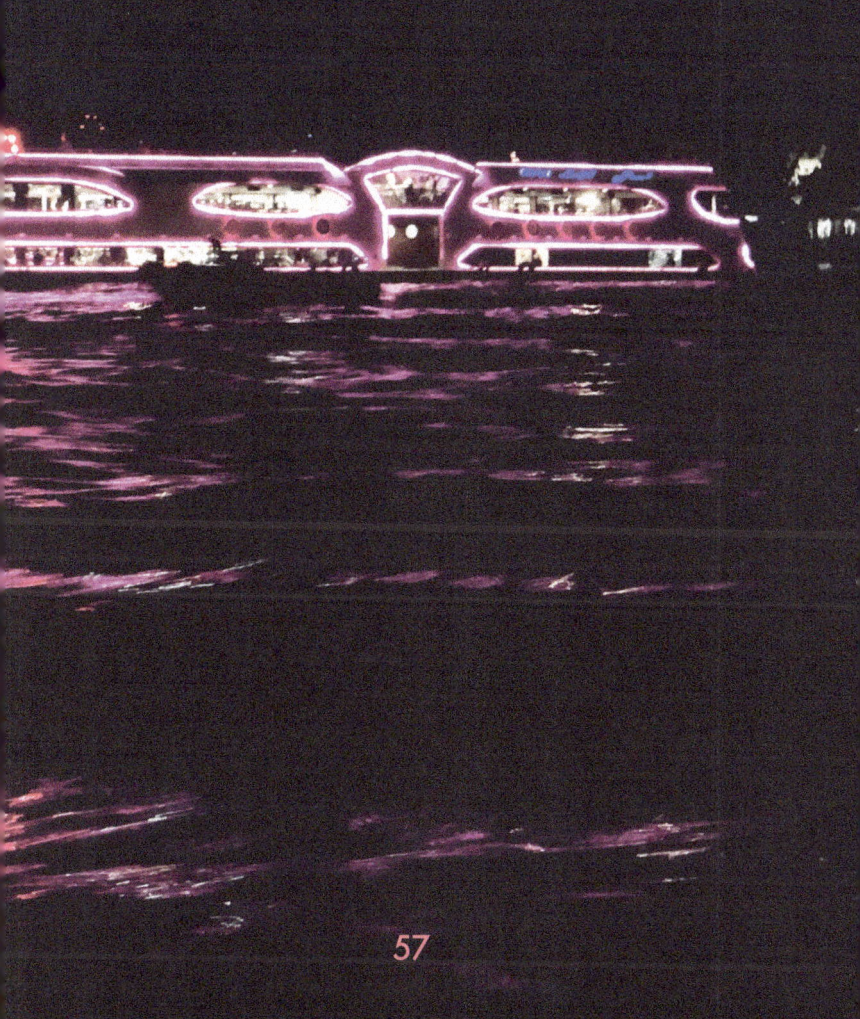

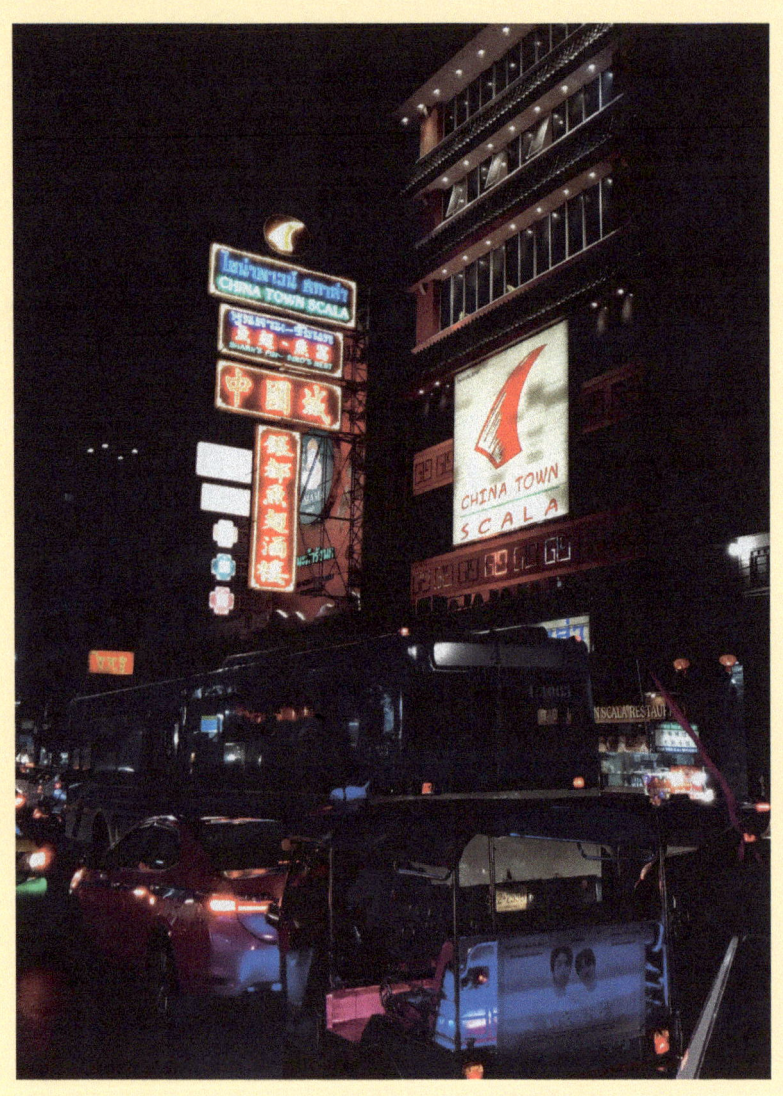

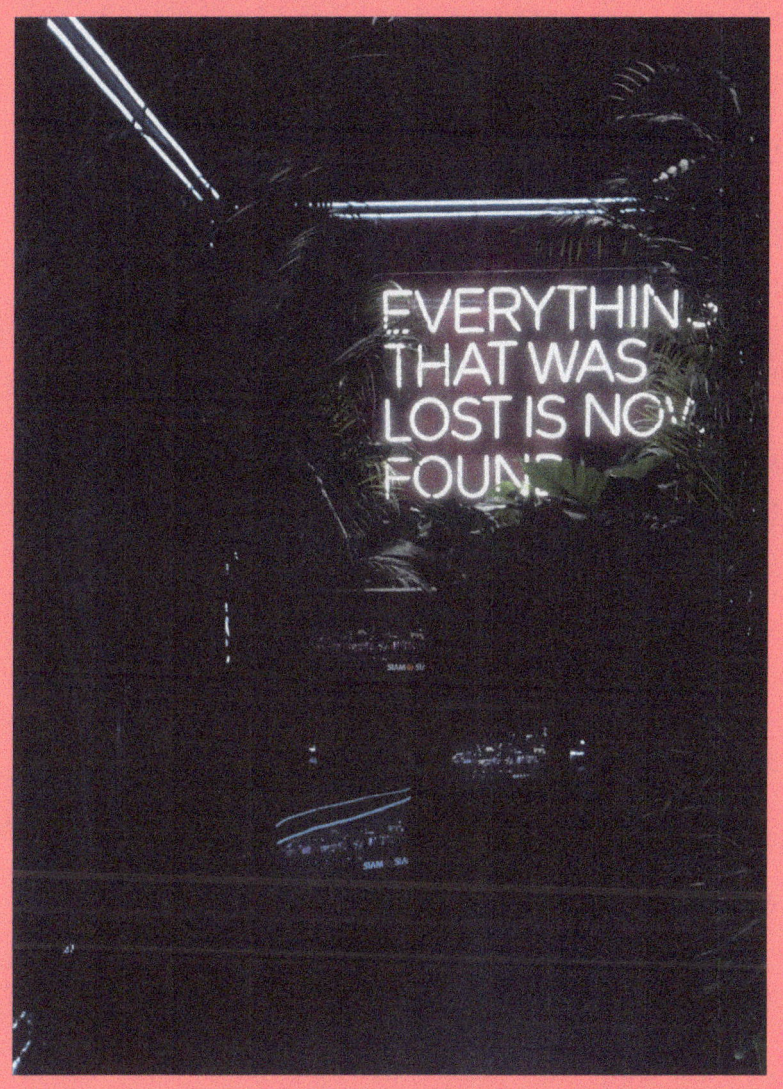

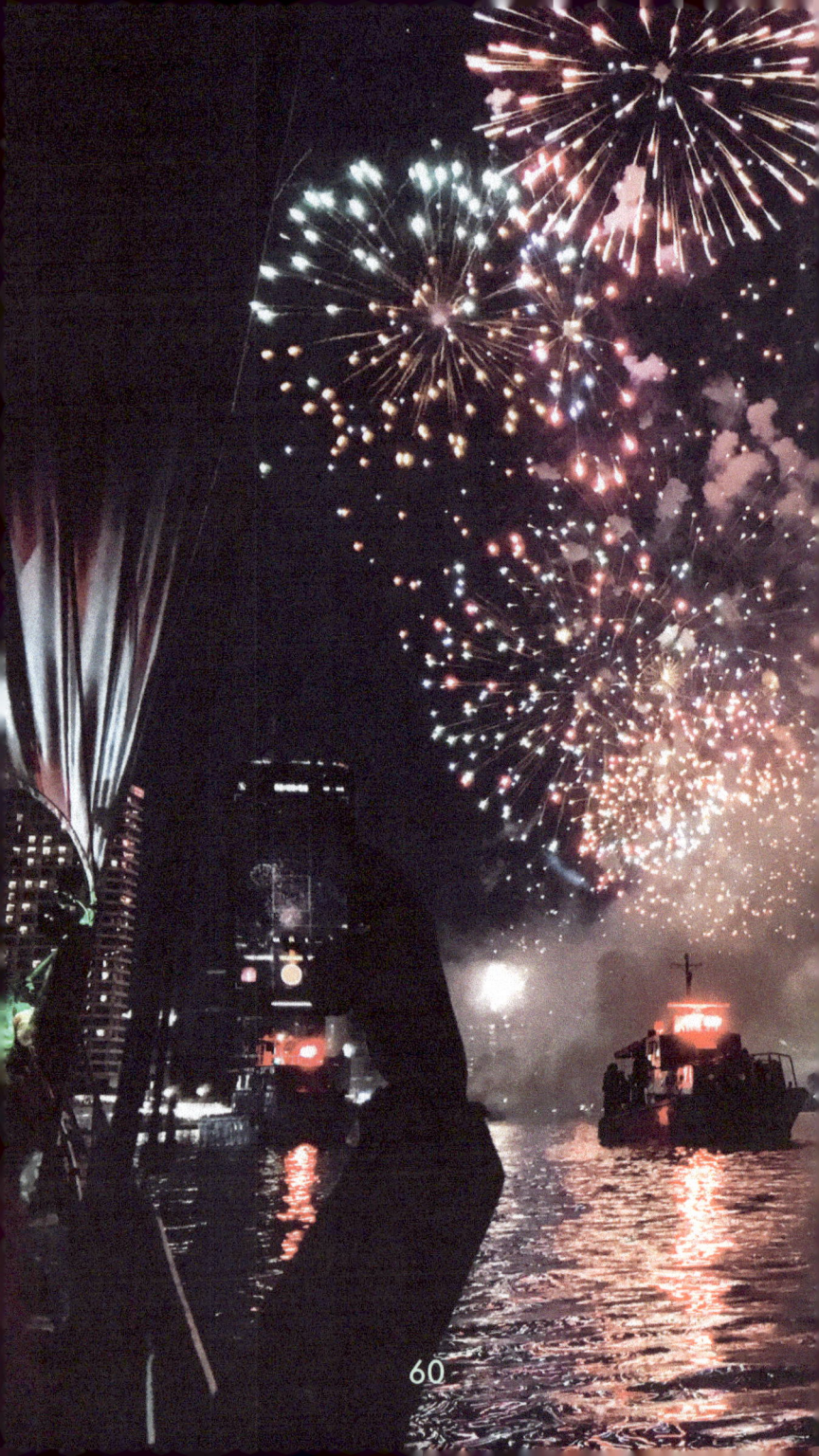

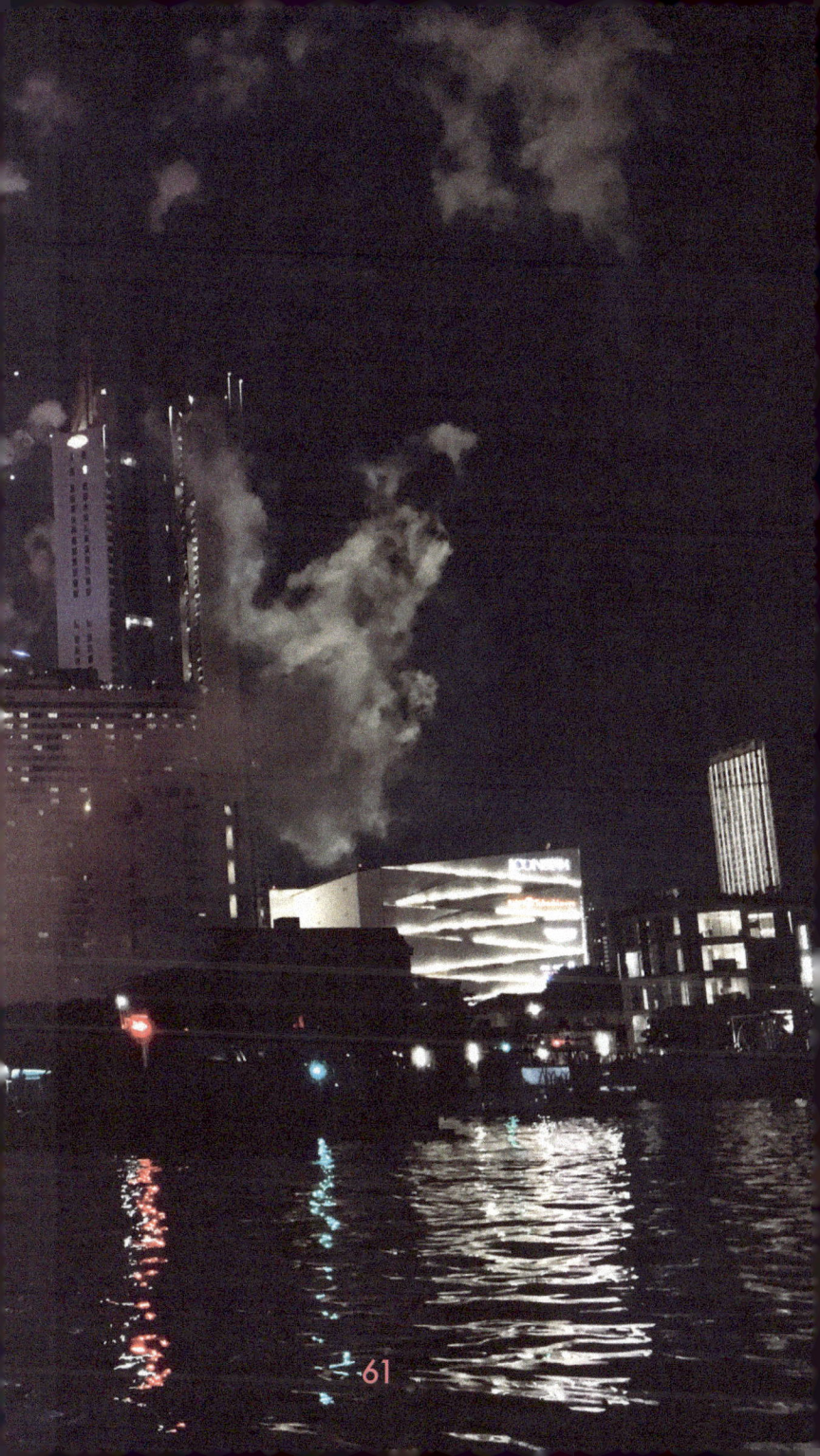

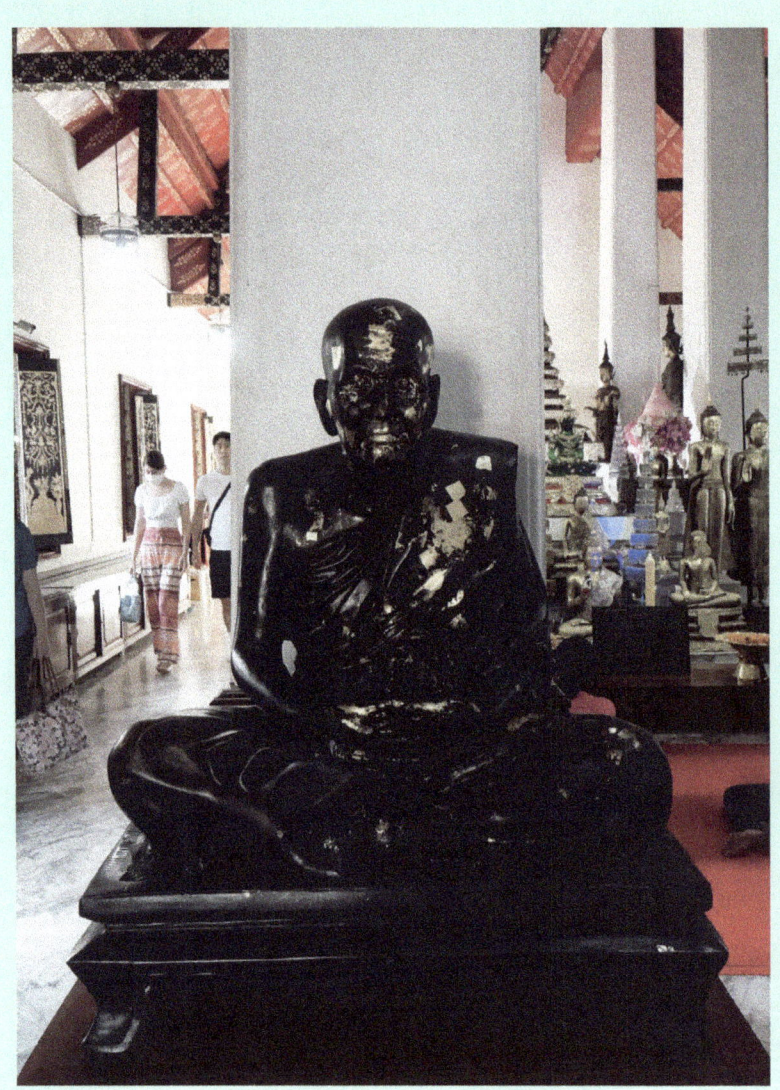

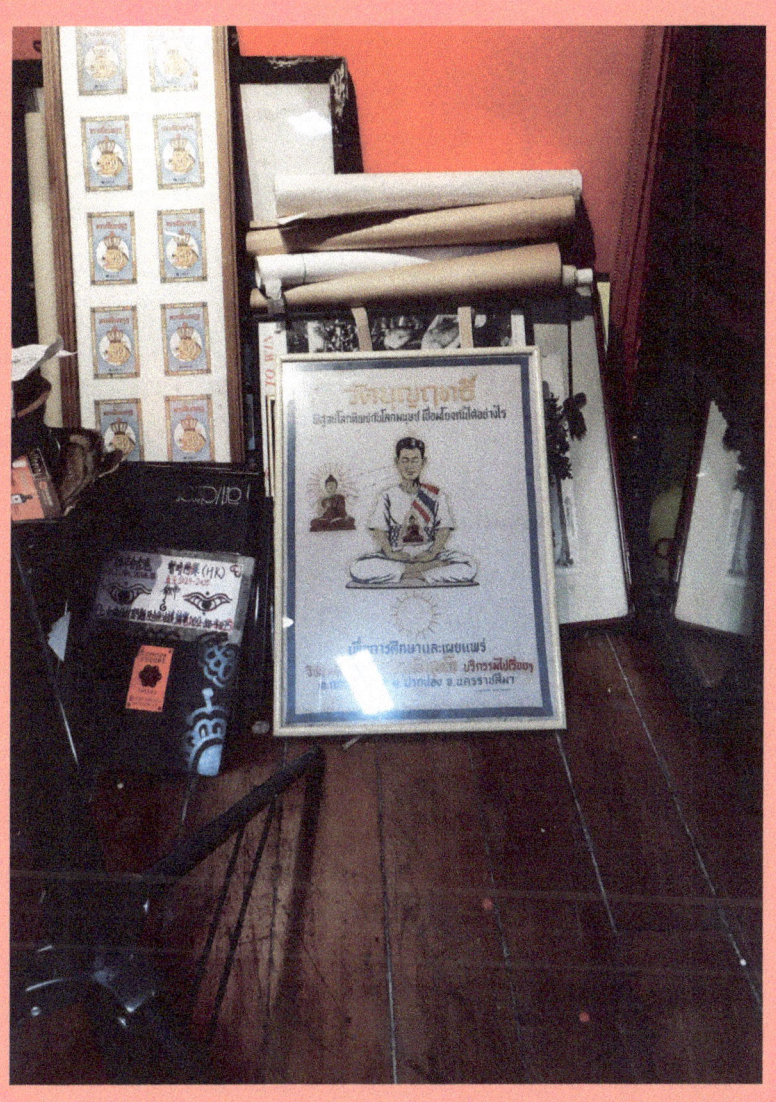

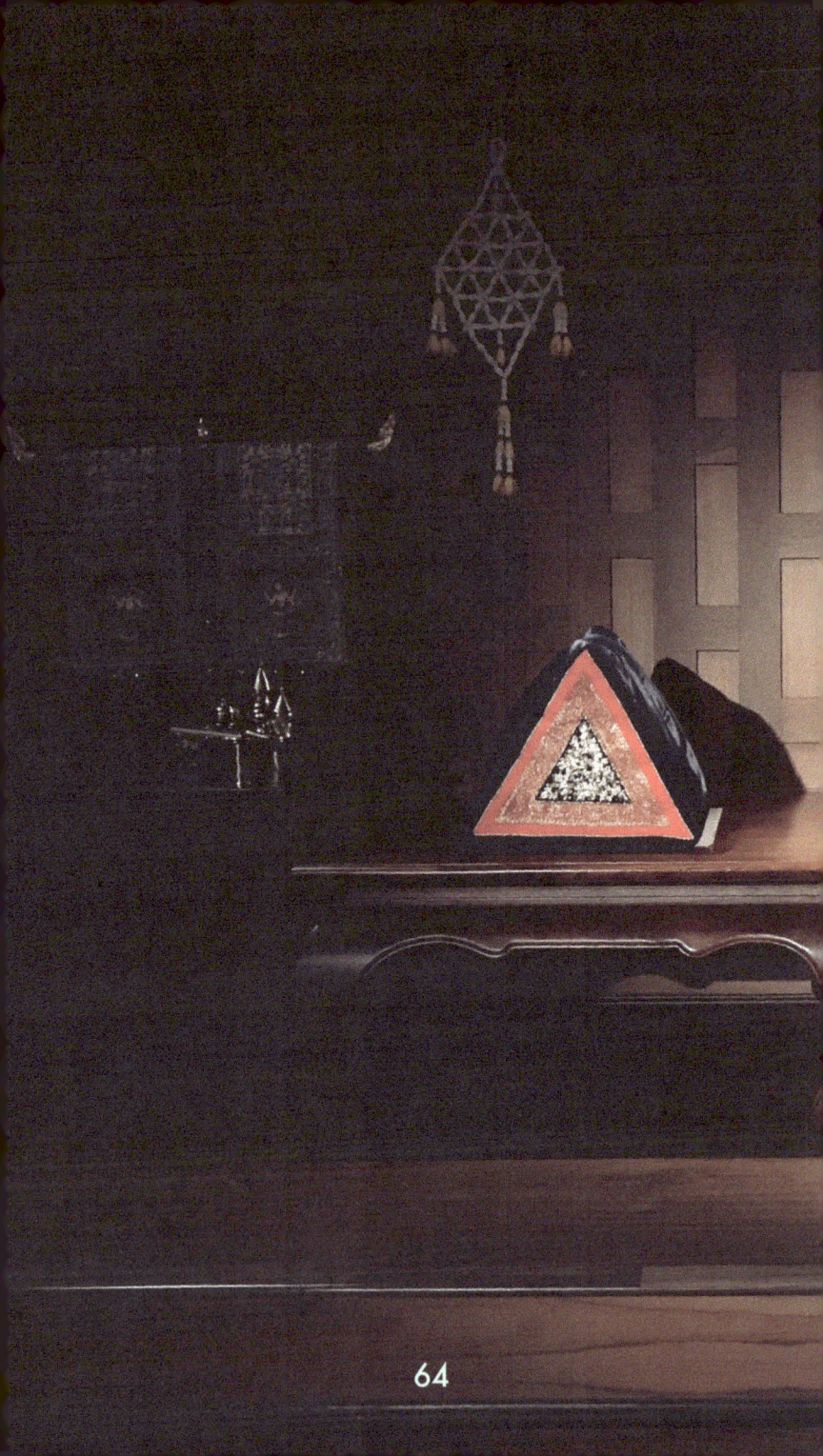

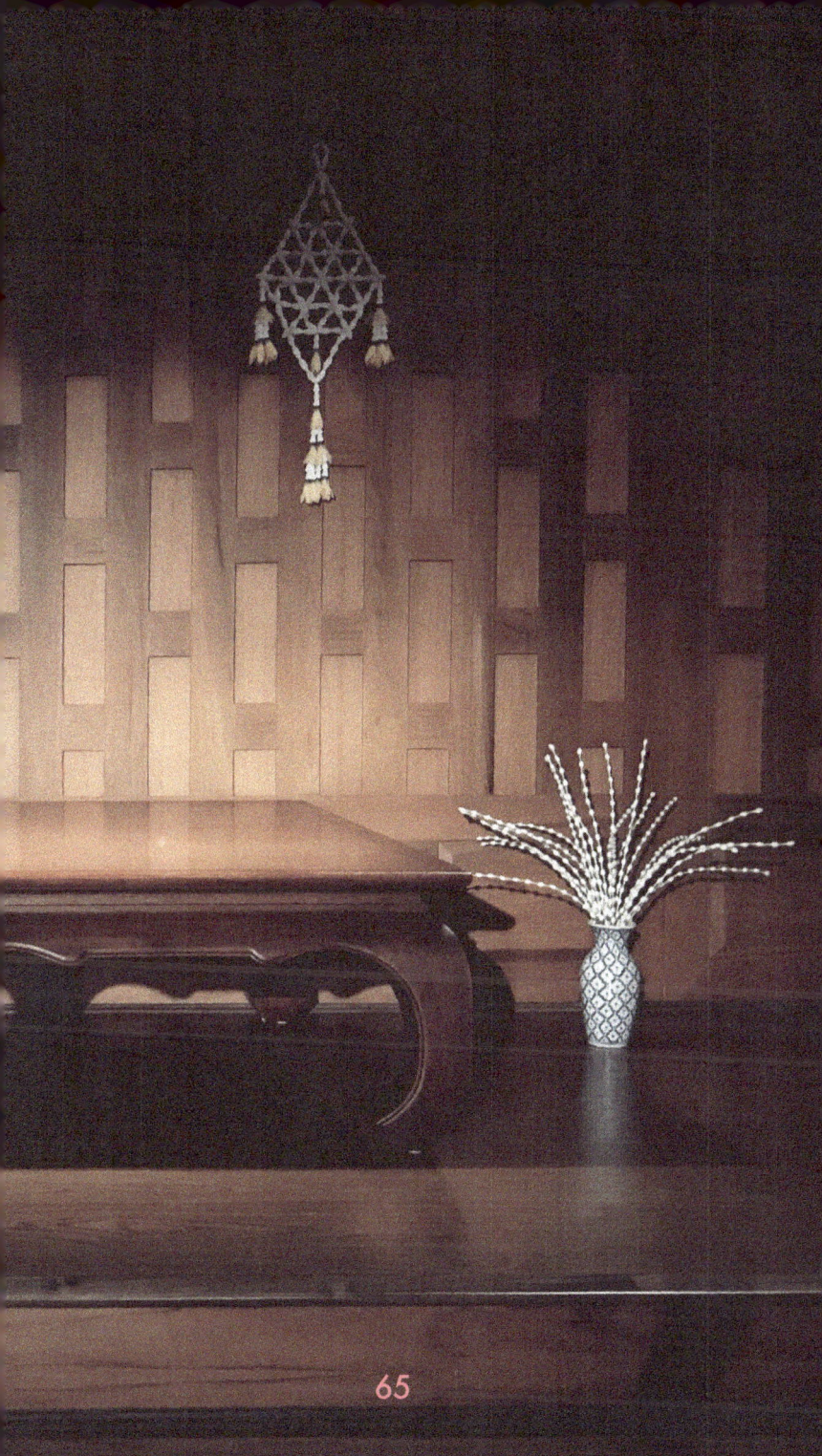

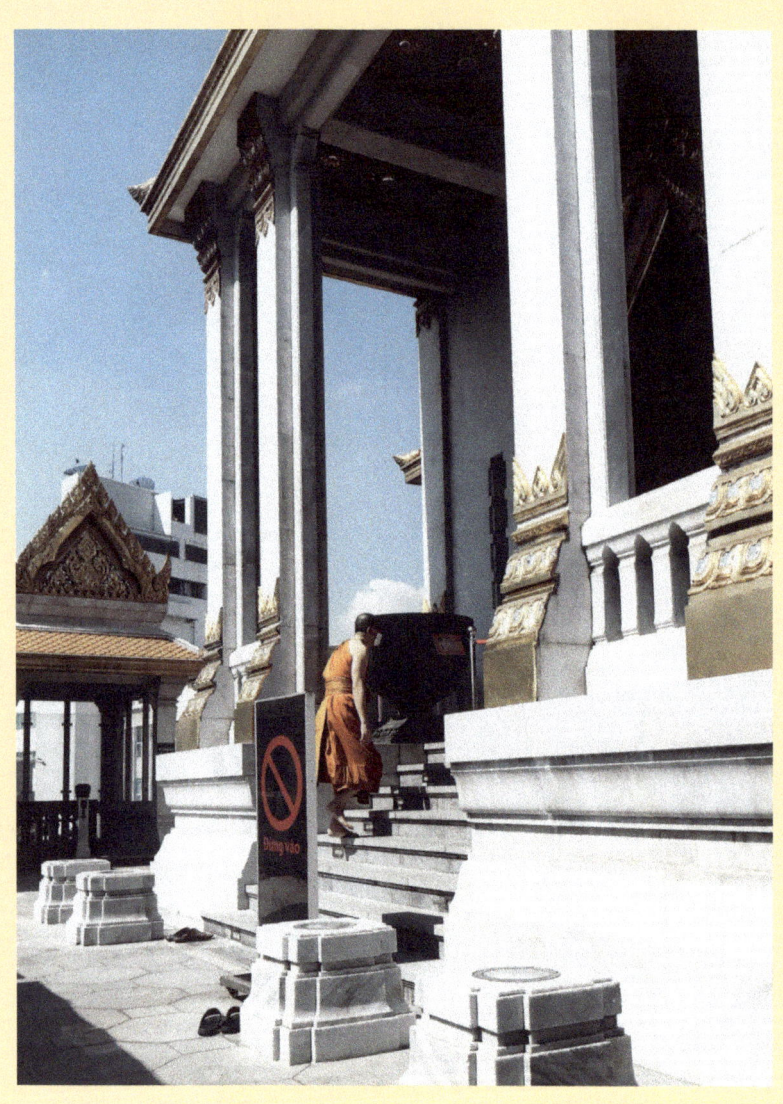

BANGKOK

BANGKOK

BANGKOK

BANGKOK

BANGKOK

BANGKOK

THAILAND

THAILAND

THAILAND

THAILAND

THAILAND

THAILAND

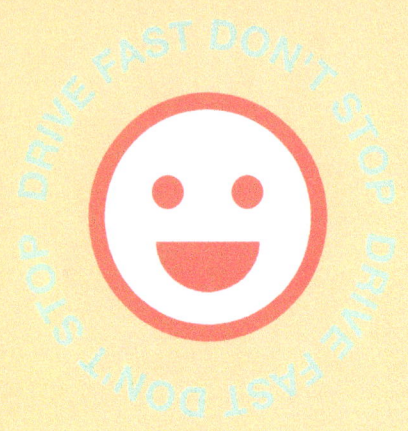

**PHOTOS BY
MATTHEW JOCELYN**

www.ingramcontent.com/pod-product-compliance
Lightning Source LLC
Chambersburg PA
CBHW040518220526
45473CB00012B/2902